# Sexueller Missbrauch von Kindern: 42 Praktische Tipps und Lösungswege

## Sofort-Hilfe für Eltern

# Sexueller Missbrauch von Kindern: 42 Praktische Tipps und Lösungswege

## Jasmina Enders

## Sofort-Hilfe für Eltern

- Dein Kind beschützen

- Bei Verstand bleiben und Kraft schöpfen

- Trotzdem für eine „schöne Kindheit" sorgen

Bibliografische Information der Deutschen Nationalbibliothek: Die Deutsche Nationalbibliothek verzeichnet diese Publikation in der Deutschen Nationalbibliografie; detaillierte bibliografische Daten sind im Internet über dnb.dnb.de abrufbar.

© 2019 Enders, Jasmina

Herstellung und Verlag: BoD – Books on Demand, Norderstedt

ISBN: 9783735760968

Haftung für Links
Dieses Buch enthält Links zu externen Webseiten Dritter, auf deren Inhalte ich keinen Einfluss habe. Deshalb kann ich für diese fremden Inhalte auch keine Gewähr übernehmen. Für die Inhalte der verlinkten Seiten ist stets der jeweilige Anbieter oder Betreiber der Seiten verantwortlich. Die verlinkten Seiten wurden zum Zeitpunkt der Verlinkung auf mögliche Rechtsverstöße überprüft. Rechtswidrige Inhalte waren zum Zeitpunkt der Verlinkung nicht erkennbar. Eine permanente inhaltliche Kontrolle der verlinkten Seiten ist jedoch ohne konkrete Anhaltspunkte einer Rechtsverletzung nicht zumutbar. Bei Bekanntwerden von Rechtsverletzungen werde ich derartige Links umgehend entfernen.

Umschlaggestaltung, Illustration: Autorin

# Inhalt

# Einleitung

**Dieses Buch ist für Dich, wenn Dein Kind einen sexuellen Übergriff erlebt hat.**

Wenn Du vor unzählbaren Fragen stehst und gar nicht weißt, wo Du überhaupt anfangen sollst zu fragen, zu fühlen, zu denken... dann ist jetzt genau der richtige Zeitpunkt für dieses Buch!

Du findest hier aber auch Unterstützung, wenn Du schon länger von dem Übergriff weißt und mit viel Liebe und Geduld einen Alltag zu gestalten versuchst, der in manchen Punkten von dem normalen Alltag mit Kindern abweicht.

Wenn Du noch ganz am Anfang stehst, merkst Du vermutlich: Unter Schock ist es nicht leicht, Strategien zu entwickeln. Dazu kommt, dass man in diesen ersten Momenten kaum wissen kann, was überhaupt „die richtigen Fragen" sind, zu denen man die Antworten finden muss, um sein Kind beschützen zu können. Viele Eltern haben zuerst einmal vor allem das Gefühl, komplett den Boden unter ihren Füßen verloren zu haben.

Wie gut wäre es, wenn einem genau in dieser Situation jemand Ideen und praktische Tipps geben könnte, wie man nun am besten für sein Kind handeln kann. Genau diese wirst Du in diesem Buch finden.

Dieses Handbuch ist ein ganz persönliches Strategiebuch, für Dich als Mutter oder für Dich als Vater. Es geht darum, Dich zu unterstützen, damit Du auf hilfreiche Weise für Dein Kind da sein kannst.

Du wirst hier keine belastenden Beispiele oder Geschichten lesen.

Es geht darum, Dich zu befähigen und Dich zu stärken, besser mit dieser unfassbaren Situation umgehen zu können.

Und dieses Buch wird sicherlich nicht das letzte sein, welches Du zu diesem Thema lesen werden möchtest oder solltest. Ich erhebe keinen Anspruch auf Vollständigkeit.

Aber ich möchte Dir eine konkrete Hilfestellung und einen Leitfaden geben, wo Du anfangen kannst. Und falls Du schon länger mit dem Thema zu tun hast, was Du vielleicht noch für Dein Kind und Dich tun kannst.

Ich habe das „Du" als Ansprache gewählt, da dieses Thema so unglaublich persönlich ist. Als Autorin möchte ich Dir persönlich und ganz praktisch zur Seite stehen.

Letzter Check:

Was dieses Buch *nicht* ist:

- Eine alles umfassende Abhandlung über das Thema Missbrauch

- Ein umfassender rechtlicher Ratgeber oder der Ersatz einer rechtlichen Beratung

- Ein Ersatz für eine individuelle Beratung oder Therapie

- Eine Sammlung von Beispielfällen von Übergriffen. - Du wirst hier keinen einzigen Beispielfall finden. Ich gehe davon aus, dass Dir Deine aktuelle persönliche Geschichte wirklich reicht. Wenn Du aber auch andere Fälle kennen lernen willst, gibt es dazu gute andere Bücher. Ich möchte Dir ausschließlich Möglichkeiten für einen konstruktiven Umgang mit diesem erschütternden Thema vorstellen.

- Hilfe für den Umgang zwischen Deinem Kind und der unter Verdacht stehenden Person

Dafür findest Du in diesem Buch konkrete Tipps und Lösungswege um:

- Dir Expertenrat holen zu können und zu wissen, wo Du diesen überhaupt findest

- Dein Kind so gut wie möglich beschützen zu können

- für Dich zu sorgen, um trotz der Belastungen bei klarem Verstand zu bleiben

- für Dein Kind da zu sein und den nun erschwerten Alltag so gut wie möglich zu bewältigen

- trotz allem ein möglichst glückliches Leben für Dein Kind und für Dich zu gestalten

Ich habe das Buch in verschiedene Phasen eingeteilt, damit Du Dich schneller orientieren kannst. Trotzdem macht es unabhängig von Deiner aktuellen Phase Sinn, das ganze Buch zu lesen, da manche Tipps zu verschiedenen Zeiten hilfreich sind.

Je nach Situation ist schnelles Handeln gefragt. Für alles Dringliche brauchst Du aber erst einmal nur Phase 1 zu lesen... Daher lass uns schnell einsteigen.

# Phase 1: Dein Kind beschützen, die ersten Stunden und Tage danach

Wenn Du erst vor kurzem von dem Übergriff erfahren hast, stehst Du vermutlich noch mehr oder weniger unter Schock. Hier findest Du als erstes Tipps, um Dein Kind kurzfristig zu beschützen und die wichtigsten Grundlagen um den mittelfristigen und langfristigen Schutz vorzubereiten.

# 1. Aufmerksam zuhören, nicht ausfragen

Lass Dir alles erzählen, was Dein Kind erzählen möchte. Versuche ruhig zu bleiben, nimm Dein Kind ernst und dokumentiere danach alles so genau wie möglich (Datum, Uhrzeit, genauer Wortlaut). Sage Deinem Kind klar, dass Du alles in Deiner Macht stehende unternehmen wirst, damit das nicht mehr vorkommt und dass es nichts für den Übergriff kann.

Achte darauf, ansonsten nichts zu sagen, was Dir irgendwie als „Manipulation" ausgelegt werden könnte. Ich weiß, es klingt unfassbar, aber je klarer und „sauberer" Du Dich von Anfang an äußerst, desto größer ist die Chance, dass Du Dein Kind beschützen kannst. Das gilt umso mehr in den schwierigen Fällen, in denen der/die Verdächtigte ebenfalls das Sorgerecht oder nicht leicht zu verhindernden Umgang mit Deinem Kind hat!

Beispiel:

Statt: „Dieser schreckliche Mensch hat Dich verletzt und gehört ins Gefängnis."

Langfristig sicherer: „Du hast mir gerade eine wirklich schlimme Tat erzählt und ich glaube Dir! Ich werde mich ab sofort für Deinen Schutz einsetzen!"

Solche Gespräche können immer wieder vorkommen. Wichtig ist, dass es später vor Gericht nicht heißt: „Sie haben Ihr Kind manipuliert. Ihr Kind hat gesagt, Mama (oder Papa) hat gesagt, der hat was Schlimmes gemacht." Du kannst Deinem Kind aber immer sagen, dass Du ihm glaubst.

An dieser Stelle direkt schon ein wichtiger Hinweis für den sprachlichen Umgang, den Du im Umgang mit anderen Erwachsenen (Beratungsstellen, Polizei, Gericht, ...) brauchen wirst: Gewöhne Dir am besten direkt an, vom „Verdächtigten" (oder der „Verdächtigten") und nicht von „Täter" oder „Täterin" zu sprechen, egal wie sicher Du Dir bist. Wir haben in Deutschland das Grundprinzip „im Zweifel für den Angeklagten". Und da Du als die Person, die dieses Thema nun aktiv angehen muss, ohnehin schnell hinterfragt werden wirst, sprich am besten von Anfang an so „sauber" wie möglich von den reinen Fakten. Ich werde im Weiteren der Einfachheit halber die männliche Form der „Verdächtige" benutzen. Dabei möchte ich darauf hinweisen, dass mir bewusst ist, dass das zwar der deutlich häufigere Fall ist, es aber natürlich auch weibliche Verdächtige gibt.

Zum Thema „sachliche Sprache" findest Du unter Tipp 21. Noch mehr Tipps.

# 2. Kann das denn wahr sein?

Auch wenn Dein Bauchgefühl und alle Fakten vielleicht schon klar dafür sprechen...: Es ist unfassbar so etwas Fürchterliches als Möglichkeit oder sogar als Realität zu akzeptieren. Viele Eltern können es erst einmal gar nicht fassen. Die gute Nachricht: Du musst jetzt gar nicht entscheiden, ob es „sicher" wahr ist oder nicht.

Aber einer konkreten Aussage Deines Kindes solltest Du unbedingt nachgehen! Die nächsten drei Schritte werden auch Dir helfen, mehr Informationen zu bekommen und so eine klarere Haltung für Dich zu finden.

# 3. Welche Beweise kann ich sichern?

Auf der Website von Nebenklage e.V. gibt es neben der Möglichkeit, Anwälte für Opferschutz zu finden, auch weitere Hinweise um Beweise zu sichern. (Du kannst dort auch anrufen, bevor Du Dich -falls Du Dich dafür entscheiden solltest - an die Polizei wendest. Lies aber bitte unbedingt die nächsten Punkte, bevor Du Dich an die Polizei wendest, falls Du aktuell schon mit dem Gedanken spielst.)

**Empfehlungen um weitere Beweise zu sichern:**

- Mache Fotos (vom Tatort, von Verletzungen oder Beschädigungen)

- Bewahre Kleidung oder andere Dinge auf, die Beweise für die Tat darstellen könnten

- Wenn es Zeugen gibt, notiere deren Namen und Anschrift

- Fertige ein Gedächtnisprotokoll an (am besten mit Zeitpunkt, Ort und Stichpunkten von dem, was Dein Kind Dir erzählt hat. Schreibe möglichst genau den Wortlaut Deines Kindes auf. – Du wirst danach gefragt werden!)

- Über Verletzungen psychischer Art kann ein ärztliches Attest aufgenommen werden (Die Uniklinik Deiner Stadt oder der vertraute Kinderarzt sind direkte Ansprechpartner).

Zu den wichtigsten Beweisen gehört in manchen Fällen natürlich auch die medizinische Untersuchung. Dazu folgt im nächsten Punkt mehr.

**Am Anfang ist oft auch die Frage: Worüber informiere ich mein Kind und wie beziehe ich es ein?**

Je nachdem wie alt und auch wie reif oder unreif Dein Kind aktuell ist, überlege für Dich, bei welchen Schritten Du Dein Kind offen miteinbeziehen kannst oder solltest. Bedenke aber unbedingt auch, dass Du es nicht überforderst. Zum Beispiel ist die Entscheidung, ob Du zur Polizei gehen und Anzeige erstatten willst, aus meiner Sicht eine "Erwachsenen-Entscheidung". Ob Dein Kind aussagen will oder kann ist auf der anderen Seite natürlich etwas, was Du mit Deinem Kind besprechen musst. Auch hier würde ich allerdings empfehlen, dass Du Dich zunächst alleine beraten lässt um eine klare Haltung zu dem Thema zu entwickeln. Und wenn Du zum Beispiel denkst, dass es sinnvoll ist, kannst Du Deinem Kind mit einer ganz anderen Klarheit vermitteln (und ihm dadurch auch Sicherheit geben), warum Du denkst, dass dies wichtig für seine Situation ist.

Mit Einbeziehen heißt je nach Alter auch nicht unbedingt mitentscheiden lassen, sondern eher (frühzeitig) informieren und es nicht mit einer Situation in der es zum Beispiel Aussagen soll überrumpeln.

Bedenke auf der anderen Seite aber auch, dass Dein Kind nur über das informiert werden muss, was es konkret und direkt betrifft. Es hat gerade vermutlich genug mit seinem eigenen Erleben zu tun und muss weder über alle Deine Schritte informiert werden, noch ist es Dein Ansprechpartner während der Informationssuche. Versuche so viel Ruhe wie möglich in die Situation Deines Kindes zu bringen. Gleichzeitig gibt es natürlich auch hier keine allgemeine Empfehlung: Ist Dein Kind schon älter und will es geschützt werden und Du hast eine weitere Möglichkeit des Schutzes aufgetan, kann es natürlich auch Beruhigung bringen, Dein Kind darüber schnell zu informieren.

# 4. Wichtiger Check: Die medizinische Untersuchung Deines Kindes

Frage Dich ganz konkret: Könnte der Übergriff, den mein Kind beschrieben hat, medizinisch festgestellt werden? Könnte mein Kind körperlich zu Schaden gekommen sein? Wenn Du auf eine der beiden Fragen mit "möglicherweise" oder mit "Ja" antworten würdest, dann macht die medizinische Untersuchung Deines Kindes auf jeden Fall Sinn!

Sie ist auch dann besonders wichtig, wenn Du Beweise brauchen könntest, um Dein Kind schützen zu können. Das ist zum Beispiel dann der Fall wenn der Verdächtige sorgeberichtigt oder ein Familienmitglied ist und somit Umgangsrecht hat und Du den Zugriff nicht ohne weiteres verwehren kannst.

Falls das so ist, möchte ich Dir wirklich nahelegen, Dein Kind so schnell wie möglich medizinisch untersuchen lassen. Aber nicht irgendwo. Rufe am besten bei der Uniklinik Deiner Stadt an und sage (so schwer es auch ist), was Dein Kind erzählt hat und, dass Du das gerne so schnell wie möglich professionell abklären möchtest. Das Ziel ist eine gerichtlich geeignete Dokumentation. Lebst Du in einer kleineren Stadt, erkundige Dich, ob es in Deinem Krankenhaus eine Fachabteilung dafür gibt oder fahre dafür in die nächst größere Stadt. An dieser Stelle kann Dich auch das „Hilfetelefon Sexueller Missbrauch" des Bundes (siehe Anhang) beraten, wo Du am besten hingehst.

**Wichtig zu wissen: Anonyme Spurensicherung**

An dieser Stelle ist vielleicht auch wichtig zu wissen: Du musst noch gar nicht entscheiden, ob Du polizeilich vorgehen willst oder nicht. Wenn Du vermutest, dass es Spuren der Tat geben könnte, aber noch unentschlossen bist, wie Du weiter vorgehen willst, kannst Du Dich auch für eine sogenannte "Anonyme Spurensicherung" entscheiden. Im Krankenhaus bittest Du einfach direkt am Anfang um eine anonyme Spurensicherung. Der ärztliche Untersuchungsbericht mit den Daten Deines Kindes bleibt dann im Krankenhaus. Die gesicherten Spuren werden anonym im Institut für Rechtsmedizin gelagert. Wenn Du dann zu einem späteren Zeitpunkt eine Anzeige erstatten willst, kannst Du die Polizei darüber informieren, dass die Tatspuren anonym gesichert wurden. Die Polizei kümmert sich dann um die notwendigen Schritte. Erfolgt keine Anzeige, werden die Spuren nach zehn Jahren vernichtet. Du kannst Dich über dieses Vorgehen auch noch einmal ausführlicher bei einer der Hotlines (siehe weiter unten) informieren.

**Grundsätzliches**

Wenn Dir die Dokumentation der medizinischen Untersuchung unklar erscheint oder etwas darin vorkommt, was Dich irritiert, kläre das am besten vor Ort und bitte ggf. sogar um eine Korrektur des Dokumentation. Diese Dokumentation wird immer wieder als wichtiger Hinweis herangezogen werden, unabhängig davon, ob ein Übergriff medizinisch bestätigt werden konnte, oder nicht. Falls kein Hinweis auf einen Übergriff gefunden werden sollte, prüfe, ob zumindest folgender Satz angemessen wäre und (sinngemäß) mit hineingeschrieben werden könnte: „Diese Untersuchung schließt einen Übergriff der vom Kind beschrieben Form nicht aus, auch wenn keine konkreten Anzeichen gefunden werden konnten."

Wenn Du schon sicher bist, dass Du Anzeige erstatten willst, kannst Du auch direkt bei der Polizei anrufen, dann leitet diese die Untersuchung an der richtigen Stelle ein. Je nach Größe Deiner Stadt lohnt es sich auch hier nachzufragen, wer der zuständige Experte für sexuellen Missbrauch ist. Ich weiß, es kann furchtbar anstrengend sein, allein schon dieses Wort immer wieder benutzen zu müssen. Aber erfahrene und spezialisierte Personen können Dich und Dein Kind einfach besser unterstützen.

Ich weiß, das ist ein schwerer Schritt. Genau eine solche Untersuchung möchtest Du Deinem Kind aktuell vermutlich gar nicht zumuten.

Falls aber ein Übergriff festgestellt werden kann, macht das den Schutz Deines Kindes für alle folgenden Jahre unglaublich viel leichter!

Gerade auch dann, wenn Du Dir noch unsicher bist, OB DAS ÜBERHAUPT SEIN KANN (???) ist eine medizinische Untersuchung sinnvoll.

Leider kannst Du eine Sicherheit aber nur für den Missbrauchsfall bekommen: Wenn etwas gefunden wird, musst Du Dich der Tatsache stellen, dass ein Übergriff stattgefunden hat. Wenn nichts gefunden wird, kann es aber trotzdem passiert sein und ist entweder zu lange her oder nicht körperlich feststellbar.

## Beratungsmöglichkeiten

Wenn Du einen Zwischenschritt brauchst, um für Dich herauszufinden, ob Du dein Kind medizinisch untersuchen lassen möchtest, besser vorbereitet zur Polizei gehen möchtest oder Dich über die anonyme Spurensicherung informieren lassen möchtest, kannst Du Dich bei diesen Ansprechpartnern informieren.

- **Hilfetelefon Sexueller Missbrauch**
  Hier ist eine anonyme Beratung ist möglich.
  Dort sprichst Du mit Experten. Sie hören Dir zu, geben Dir eine fachliche Einschätzung und beraten Dich zu Deinen nächsten Schritten.
  Aktuell gilt:
  Die Website ist: https://beauftragter-missbrauch.de/hilfe/hilfetelefon/
  Die Nummer des Hilfetelefons: 0800-22 55 530 (kostenfrei und anonym)
  Sprechzeiten: Montags, mittwochs und freitags: 9 bis 14 Uhr
  Dienstags und donnerstags: 15 bis 20 Uhr

- **Dunkelziffer e.V.**
  Hier ist auch eine anonyme Beratung ist möglich.
  Aktuell gilt:
  Die Website
  ist: https://www.dunkelziffer.de/startseite/
  Die Nummer von Dunkelziffer e.V: 040 42 10
  700 10 (kostenfrei und anonym)
  Sprechzeiten: Mo, Di, Do, Fr 10.00 - 13.00 Uhr,
  Di und Mi 14.00 - 16.00 Uhr
  Du kannst Dich hier auch online beraten lassen.

- **Rechtsanwalt/Rechtsanwältin**, der/die auf der
  Seite von **Nebenklage e.V.** gelistet ist.
  Die Website ist: https://www.nebenklage.org
  Diese Anwälte haben sich auf Opferschutz
  spezialisiert. Wenn Du ein Strafverfahren als
  Möglichkeit siehst, achte zusätzlich darauf, dass
  der Anwalt/die Anwältin Fachanwalt für Strafrecht
  ist. Falls Du bereits eine Fachberatungsstelle in
  Deiner Region kennst, kannst Du auch dort
  fragen, ob sie Dir einen Anwalt empfehlen
  können.
  Eine rechtliche Beratung ist auch dann besonders
  sinnvoll, wenn Du überlegst, Anzeige (bei der
  Polizei) zu erstatten. Du kannst so schon
  Unterstützung dafür bekommen, was Du bei der
  Anzeigenerstattung beachten kannst. Und wenn
  Du erwartest, dass Deine Situation mittelfristig
  ohnehin gerichtlich geklärt werden müsste,
  empfehle ich Dir unbedingt so früh wie möglich

anwaltliche Unterstützung einzuholen. Weitere Informationen zum Thema Rechtliches findest Du im Kapitel "Das Recht" unter Zusatzpunkt 43.

- Wenn Du die **Polizei** mit einbeziehen möchtest, rufe dort an und lasse Dich professionell beraten. Frage nach, wer für das Thema der Ansprechpartner ist. Lasse Dich durchstellen und sprich nicht mit „irgendeinem" Polizisten. Du brauchst jetzt Profis. (Siehe oben)
Bedenke dabei, dass sexueller Kindesmissbrauch ein Offizialdelikt ist. Das bedeutet, dass die Polizei einem solchen Hinweis nachgehen muss. Wenn Du noch unsicher sein solltest, ob Du die Polizei einbeziehen möchtest, lass Dich vorher besser bei einer der anderen Stellen beraten.

Denke immer mit, ob das, was Dir gesagt wird, für Dich und Deine Situation sinnvoll ist. Du weißt gerade am besten über die Situation Bescheid und brauchst erst einmal nur wichtige Informationen für Deine nächsten Handlungsschritte. Wenn Du den Eindruck hast, Dein Gegenüber versteht Deine Situation nicht oder berät Dich nicht angemessen, rufe bei anderen Stellen an. Du stehst vielleicht unter Schock, aber Du bist bei Verstand. Bleibe auf jeden Fall in Deiner Verantwortung - für Dein Kind!

# 5. Wichtiger Check: Kann mein Kind aussagen?

Ist Dein Kind 6 Jahre oder älter? Oder ist es jünger, könnte aber vielleicht schon ernst genommen werden? Das Alter, in dem Kinder polizeilich „vernommen" werden können, wird unterschiedlich eingeschätzt. Wenn Du Dich entschieden hast, die Polizei miteinzubeziehen, kannst Du bei Deiner Polizeistelle (Spezialbereich sexueller Missbrauch) nachfragen. Das gilt umso mehr, wenn eine medizinische Untersuchung nichts ergeben würde oder nichts ergeben hat.

Information ist eine Deiner größten Ressourcen!

Die Aussage muss auch nicht sofort erfolgen. Zu lange warten ist aber auch nicht die Empfehlung. Zum einen ist Dein Kind jetzt vermutlich ohnehin aufgewühlt und hat noch Zugang zu seiner Erinnerung. (Manchmal ändert sich das nach einer Weile.) Zum anderen kann das für die Glaubwürdigkeitseinschätzung zu einem späteren Zeitpunkt an anderen Stelle, -zum Beispiel vor Gericht- erklärungsnotwendig werden, warum die Befragung nicht innerhalb der ersten Tage und Wochen, sondern erst deutlich später stattgefunden hat.

# 6. Bedrohung ausschließen

Ist Dein Kind aktuell weiter von einem Übergriff bedroht?

Wer ist die Person, die Dein Kind missbraucht hat? Kannst Du sicherstellen, dass sie zumindest nicht mehr alleine zusammen sind?

(Meist ist eine vollständige Kontakt-Pause, bis Du klären konntest, ob und welcher Umgang im Sinne Deines Kindes ist, sinnvoll. Das ist allerdings nicht unter allen Umständen rechtlich umsetzbar.)

Falls es sich um ein Familienmitglied oder eine enge Vertrauensperson handelt, die Du nicht einfach ausschließen kannst, lass Dich unbedingt beraten. Jeder Fall ist anders und ich kann Dir daher leider keine allgemein gültige Empfehlung geben.

Das Hilfetelefon Sexueller Missbrauch und Dunkelziffer E.V. (siehe Anhang) kann Dich umfassend informieren und auch emotional unterstützen. Diese können mit Dir auch besprechen, ob eine polizeiliche Anzeige notwendig ist.

Wie gesagt, wenn Du die Polizei über die Tat informierst, muss sie ermitteln. Wie die Ermittlung in Deinem Fall aber aussehen würde, kann sehr unterschiedlich sein. Auch im Internet kannst Du auf den Seiten der Polizei selber aktuelle Informationen zum Thema sexueller Kindesmissbrauch finden und Dich so vielleicht schon vorab informieren. Trotzdem würde ich unbedingt eine individuelle Beratung einer Fach-Hotline (siehe

Anhang) in Anspruch nehmen. Wenn Du neu in dem Thema bist, ist an vielen Stellen vermutlich nicht klar, was eine Information für Deinen Fall wirklich bedeuten würde.

Wenn Du Dein Kind vor einer Bedrohung schützen musst, kannst Du Dich auf jeden Fall auch an das Jugendamt wenden. Dieses hat die Aufgabe des Kindesschutzes. Wenn die Polizei der Auffassung ist, dass sie nichts für Dich tun kann, oder Du Dich gegen den Weg zur Polizei entscheidet, kannst Du Dich auch an das Jugendamt wenden. Die Polizei empfiehlt Dir vielleicht sogar ebenfalls, Dich direkt dorthin zu wenden oder vermittelt weiter, wenn das angemessen ist. Das Jugendamt hat die Aufgabe, das Kindeswohl sicherzustellen.

Um das direkt zu sagen: In Deutschland ist es aktuell nicht leicht, ein Kind vor einem „Verdächtigten" zu schützen. Aber bis der Verdacht auf Missbrauch professionell geklärt ist, kannst Du als Mutter oder Vater immerhin auf begleiteten Umgang mit dem Verdächtigen bestehen.

Und denke bei Gesprächen mit der Polizei, dem Jugendamt und später ggf. dem Gericht immer daran: Was zählt sind Fakten, Fakten, Fakten. Natürlich darfst Du authentisch emotional sein und unter Schock stehen. Wichtig ist dennoch, dass für die Polizei oder andere Ansprechpartner immer nachvollziehbar ist, dass Du auf Fakten reagierst und nicht auf „übertriebene" eigene Sorgen, Ängste oder Interpretationen.

# 7. Rechtsberatung

Falls Du Dich bis jetzt noch nicht hast anwaltlich beraten lassen, tue es am besten sofort.

Wie schon gesagt: Informationen gehören zu Deinen wichtigsten Ressourcen, um Dein Kind zu beschützen. Wenn Du genügend Geld hast, lasse Dich von mehreren Anwälten beraten. Vermutlich wirst Du wie viele andere, aus jedem Gespräch zu diesem Thema etwas Relevantes mitnehmen können.

Wenn Du nicht viel Geld hast, kannst Du Dich trotzdem beraten und vertreten lassen. Zum einen geben viele Anwälte telefonisch bereits Tipps, wenn Du sie konkret zu Deiner Situation befragst, um herauszufinden, ob sie für Dich als Anwalt geeignet sind. Zum anderen gibt es die sogenannte Verfahrenskostenhilfe. Wenn Du also zu wenig Geld hast, um selber einen Anwalt zu finanzieren, Du aber straf- oder familienrechtlich vorgehen möchtest, übernimmt der Staat die Kosten. Jedes Anwaltsbüro kann Dich über die aktuellen Regelungen informieren.

# 8. Dokumentieren und Speichern

Was Du von Anfang an tun solltest ist Folgendes: Dokumentiere alles, was Dein Kind über den Übergriff sagt.

Speichere außerdem alle E-Mails und sammle alle Informationen, die Du von dem Verdächtigen bekommst.

Wenn Du Aussagen Deines Kindes dokumentierst, schreibe das Datum, die (ungefähre) Uhrzeit und möglichst genau den Wortlaut Deines Kindes nieder. Dein Kind wird vielleicht auch nach der ersten Aussage immer mal wieder spontan davon erzählen. Dokumentiere auch Verhaltensauffälligkeiten.

Zum Beispiel:

1.12.2018

10:00 Carla sagt beim Frühstück: „P. mag auch gerne Toast. Letzte Woche, nachdem er X getan hat, haben wir auch Toast gegessen."

11:00 Carla hat Bauchschmerzen. Sie fragt nach einer Wärmflasche, bekommt eine und ihre Bauchschmerzen sind nach ein paar Minuten wieder weg.

15:00 Carla nässt beim Spielen ein. (Bis auf Krankheitszeiten war sie bis vor ca. 2 Monaten bereits für 1 Jahr durchgängig trocken gewesen.)

Dokumentiere alles, was Dir ungewöhnlich erscheint. Übliche Reaktionen können körperliche Symptome wie Einnässen und Bauchschmerzen sein, die durch die Erinnerung an den Vorfall hervorgerufen werden können. Aber auch Ängste, die Dein Kind vorher nicht hatte, können Hinweise auf ein traumatisches Erlebnis darstellen. Du kennst Dein Kind. Wenn sich zum Beispiel sein Verhalten, seine emotionalen Reaktionen, seine

Konzentrationsfähigkeit, sein Schlaf oder irgendetwas anderes, für Dich bemerkbares verändert hat, dokumentiere es.

(Und erstelle digitale Sicherungskopien dieser wichtigen Dokumente oder drucke sie regelmäßig aus.)

# 9. Eine Gerichtsverhandlung kann immer noch kommen

Wenn Du in Kontakt mit dem Verdächtigten sein musst, denke immer daran, dass vor Gericht alles gegen Dich verwendet werden kann. Schreibe jede E-Mail und jeden Brief so, dass sie Dich in einem Gerichtsprozess nicht belasten könnten. Das ist in einer solch emotionalen Situation nicht immer leicht!

Folgendes kann Dir helfen:

- Schreibe den Text in einem Textprogramm vor, speichere ihn und korrigiere ihn noch einmal hin zum Sachlichen, bevor Du ihn abschickst.

- Lies Deine E-mails einer eingeweihten Person vor, die Dich beraten und beruhigen kann.

- Schick Deine Texte jemandem, der diese korrigiert und emotionale und vielleicht auch vorwurfsvolle Formulierungen sachlich umformuliert.

- Halte Dich grundsätzlich kurz und knapp. Der Verdächtige muss jetzt nicht alles nachvollziehen können.

- Handle vor allem schriftlich auf keinen Fall impulsiv! Der alte Rat eine Nacht darüber zu schlafen, kann auch hier sehr helfen.

# 10. Deine lokale Fachberatungsstelle zum Thema sexueller Missbrauch

Eine Ansprechpartnerin bzw. ein Ansprechpartner vor Ort ist eine große Hilfe! Allein schon, dass Du Deine Situation nicht immer wieder neu erklären musst, kann eine große Entlastung sein! Es ist im besten Fall eine Person, die Dich langfristig begleitet und über Deine Situation Bescheid weiß.

Auf den Seiten des Hilfetelefons Sexueller Missbrauch kannst Du eine Fachberatungsstelle in Deiner Nähe finden: https://beauftragter-missbrauch.de/hilfe/hilfetelefon/

Auch telefonisch kannst Du Dir von dem Hilfetelefon Sexueller Missbrauch helfen lassen, eine solche auszuwählen.

Bitte lasse Dich von einer Stelle beraten, die explizit für sexuellen Missbrauch berät. Die Erfahrungen mit generellen Beratungsstellen sind sehr gemischt. Du brauchst jetzt Profis!

Selbst bei den spezialisierten Stellen kann die Fachkompetenz unterschiedlich sein und hängt auch immer von der konkreten Person ab. Prüfe daher für Dich: Machen die Aussagen für meine Situation Sinn? Fühle ich mich dort gut aufgehoben? Hilft das meinem Kind wirklich?

In den allermeisten Fällen wirst Du bei Deiner Fachberatungsstelle aber eine fachkompetente und vor allem langfristige Unterstützung bekommen, die Dich immer wieder inhaltlich beraten und stärken kann.

Und bei besonders schwierigen Problemen, kannst Du Dich natürlich auch zusätzlich vom Hilfetelefons Sexueller Missbrauch oder Dunkelziffer e.V. beraten lassen. Mehr Perspektiven eröffnen manchmal auch einfach mehr Handlungsmöglichkeiten.

# 11. Hole weitere Experten mit ins Boot

Falls bei der medizinischen Untersuchung nichts dokumentiert werden konnte, sprich trotzdem mit Deinem Kinderarzt. Vielleicht erklärt er sich auch bereit, weitere Auffälligkeiten wie zum Beispiel Einnässen mit zu dokumentieren. Dein Kinderarzt sollte ohnehin informiert werden, da Dein Kind jetzt bei körperlichen Untersuchungen vielleicht anders reagiert als früher. Auch das könnte Dein Kinderarzt bestätigen, falls es so wäre.

Gibt es in der Situation Deines Kindes noch andere Experten, die unterstützen könnten?

Du könntest auch vorsichtig nachfragen, ob Dein Kind im Kindergarten oder in der Schule auffällig geworden ist. Aber Achtung, überlege Dir gut, ob Du sagen möchtest, worum es geht oder lieber auf etwas Allgemeines wie „Es gab Veränderungen in der Familie" oder ähnliches verweist.

Falls die Kindergärtnerin oder die Klassenlehrer/in von Verhaltensauffälligkeiten berichten, kannst Du sie bitten, diese für sich zu dokumentieren. Wenn sie dann später, zum Beispiel im Kontext eines Gutachtens eines Gerichtsverfahrens, befragt werden, können sie so besser aussagen. Außerdem hättest du den Rückhalt, dass auch andere Menschen die Veränderungen Deines Kindes bemerkt haben.

Aber Achtung: Wenn niemand sonst etwas bemerkt hat, bedeutet das nicht, dass Dein Kind nicht erlebt hat, was es beschrieben hat. Es gibt einige Kinder, die nur im vertrautesten Umfeld von solchen Erlebnissen erzählen können und sich auch nur dort mit Verhaltensauffälligkeiten zeigen.

# 12. Unterstützung suchen, die kontinuierlich ist

Hast Du eine Fachberatungsstelle in Deiner Nähe gefunden? Falls nicht, empfehle ich Dir jetzt wirklich danach zu suchen! Vermutlich wirst Du immer wieder Fragen haben und es ist erleichternd, wenn Du die Geschichte nicht immer neu erzählen musst. Eine Person, die Dich gegebenenfalls über Jahre betreuen kann und Dir immer wieder den Rücken stärkt, ist oft eine große Hilfe!

# Phase 2: Zeit Dich zu sammeln und einen neuen Alltag zu gestalten

Die erste Phase ist geschafft: Wenn Beweise gesichert sind (oder es eben keine gibt), Dein Kind ausgesagt hat (oder es eben zu jung dafür ist) und Du eine aktuelle Bedrohung erst einmal ausschließen kannst, stehen nun neue Themen an. Jetzt geht es erst einmal um Dein Kind und Dich. Aber als aller erstes darfst Du endlich:

# 13. Durchatmen

ATME DURCH.

Du hast jetzt schon so viel geschafft!

Der erste heftige Teil ist geschafft.

Frage Dich als nächstes:

Was braucht mein Kind?

Oft ist es so, dass es in der Zeit, nachdem sich Dein Kind Dir anvertrauen konnte, für Dein Kind viel weniger aufregend ist, als für Dich.

Dein Kind lebt (so hart das ist) vielleicht schon länger mit dem Wissen als Du und ist jetzt vielleicht sogar erst einmal entlastet, weil es davon erzählen konnte und es sich nun beschützt fühlt.

Wahrscheinlich bist Du gerade unter Schock.

Oft ist es so, dass die ersten 4-6 Wochen, nachdem Eltern von einem Missbrauch ihres Kindes erfahren haben, diese erst einmal ziemlich „durch den Wind" sind. Die gute Nachricht ist: Es wird Dir wieder besser gehen.

Gehe proaktiv mit Deiner längeren „Schock"-situation um. Lege alle Ansprüche und Projekte auf Eis, die Du aussetzen kannst. Falls notwendig, lass Dich krankschreiben. Bevor eine neue Normalität beginnen kann, brauchst Du Zeit, den Schock zu verkraften.

Wenn Dein Kind gerade soweit gut versorgt ist, frage Dich:

WAS BRAUCHST DU?

Mach etwas, das Dir gut tut:

- Sprich mit jemandem, dem Du vertraust.

- Mach eine Pause und beschäftige Dich erst einmal mit etwas anderem (Joggen gehen, ein Spaziergang, ein positiver Film, ein Gespräch über etwas anderes oder einfach die übliche Arbeit können Dich jetzt stabilisieren).

- Versuche liebevoll und geduldig mit Dir zu sein, wie auch immer Deine persönliche Reaktion auf dieses Thema aussieht.

Wahrscheinlich läuft Dein Kopf auf Hochtouren. Allein schon die Fragen: „Hat das wirklich stattgefunden?" und „Was bedeutet das für mein Kind und seine Zukunft?" können einem in der ersten Zeit den Schlaf rauben. Sage Dir, dass Du Schritt für Schritt Lösungen und Antworten finden wirst.

Habe Verständnis für Dich selbst. Es gibt wenig, was so extrem ist, wie diese Erfahrung! Wenn Du die ersten Punkte geschafft hast, hast Du bereits Großartiges geleistet!

(Falls Du das liest und der von Deinem Kind beschriebene Übergriff schon länger zurück liegt und Du das Gefühl hast, alles „falsch" gemacht zu haben...: Verzeihe Dir! Du konntest wirklich nicht damit rechnen und standest unter Schock. Und Du warst es nicht! Es ist NICHT Deine Schuld! – Du wurdest mit etwas konfrontiert, wofür kaum jemand ausgebildet sein kann! Fang' zumindest an, Dir zu verzeihen... Jeder tut sein Bestes unter den gegebenen Umständen!

# 14. Dein Kind braucht Dich gerade mehr?

Es kann auch sein, dass Dein Kind gerade besonders viel von Dir braucht. Vielleicht kann es erst einmal nicht mehr alleine schlafen, hat ständig Bauchweh und bittet um Wärmflaschen, weint oder schreit nachts oder zeigt andere

Verhaltensauffälligkeiten wie aggressives Verhalten zu Hause oder auch in Kindergarten und Schule ...

Das Erste, was Dir vielleicht ein bisschen Entlastung geben kann: Wisse, dass heftige Reaktionen von Deinem Kind jetzt "normal" im Sinne von angemessen sind und das sie sich wieder verändern werden. Jetzt ist erst einmal die anstrengendste Zeit: Dein Kind hat vielleicht erst kürzlich dieses schreckliche Erlebnis gehabt, auf das es erst einmal heftig reagiert und Du hattest noch kaum die Möglichkeit, Unterstützung zu Organisieren. Beides wird sich aber ändern.

Halte liebevoll durch und hole Dir so viel Unterstützung wie möglich!

Folgendes kann Dir jetzt helfen:

# 15. Sorge für Hilfe von außen

Was Du gerade bewältigen musst, ist kaum alleine zu schaffen. Wenn Dein Kind aufgrund des Übergriffs schlecht schläft, Du gleichzeitig mit Polizei, Anwälten und überhaupt neuerdings mit diesem unfassbaren Thema umgehen musst und gleichzeitig noch selber geschockt bist, kann ich Dir nur wirklich empfehlen, Dir so viel Hilfe zu holen, wie möglich ist. Das kann auch alles erst einmal „unter dem Radar" laufen. Du musst mit niemandem (auch Freunde und selbst Familie nicht) darüber sprechen, wenn Du das nicht möchtest:

- Buche häufiger als sonst den vertrauten Babysitter (sofern Dein Kind sich damit wohlfühlt).

- Bitte andere Vertrauenspersonen öfter darum, auf Dein Kind aufzupassen (wirklichen Freunden reicht es zu wissen, dass Du sie jetzt brauchst, ohne dass Du viel erklärst).

- Wenn Dein Kind / Deine Kinder noch nicht schulpflichtig sind, ist es vielleicht eine Entlastung ein paar Tage zu Freunden oder zur Familie zu ziehen, wo Du mehr Unterstützung hast, als zu Hause. Du kannst Abstand gewinnen und hast mehr Zeit, Überblick über Deine neue Situation zu bekommen.

- Vertraue darauf, dass Menschen gerne anderen Menschen helfen, besonders in Krisenzeiten.

- Überlege, was noch Entlastung in Deine Situation bringen könnte.

Auch konkrete inhaltliche Unterstützung kann immer wieder sehr entlastend sein, wenn Du andere mit einbeziehen möchtest. Möglich ist zum Beispiel:

- Bitte Freunde oder Familie, Deine E-Mails an das Jugendamt, den Verdächtigen oder andere Stellen inhaltlich zu überarbeiten, damit sie sachlicher und klarer werden.

- Bitte um Rücken stärkende und Mut zusprechende Nachrichten von Deinen Lieben.

# 16. Kläre das Umfeld im Sinne Deines Kindes auf

Sicherlich stellst Du Dir auch hin und wieder die Frage: Wem erzähle ich davon? Vielleicht auch die Fragen: Wem darf und wem muss ich davon erzählen?

Ich möchte Dir empfehlen, grundsätzlich nur Menschen davon zu erzählen, die nichts weitererzählen. Dein Kind wird älter und Du möchtest sicherlich nicht, dass jemand von außen auf Dein Kind zukommt und es mit dieser schmerzhaften Erinnerung konfrontiert.

Folgende Fragen sind vielleicht hilfreich:

- Wem möchtest Du davon erzählen, um Dich selber zu entlasten?

- Wer kann Dir helfen, mit dieser herausfordernden Situation umzugehen?

- Wer kann Dir den Rücken stärken und Dir vielleicht sogar konkret weiterhelfen?

- Wer sollte informiert sein, um Dein Kind nicht unnötigem Stress auszusetzen? (Damit ist z.B. die Oma gemeint, die mit dem Kind Schwimmen geht. Insbesondere in der ersten Zeit nach dem Übergriff möchte sich das Kind vielleicht lieber selber anziehen, auch wenn das viel länger dauert.) Natürlich kannst Du auch hier entscheiden, nicht von dem konkreten Erlebnis zu erzählen, sondern einfach sagen: „Clara möchte sich zurzeit lieber selber anziehen. Ich weiß das dauert lange. Bitte habe trotzdem Geduld mit ihr."

Ich empfehle, so vielen Personen wie notwendig davon zu erzählen, den Kreis aber gleichzeitig so klein wie möglich zu halten. Nicht, weil man „darüber" nicht sprechen darf, sondern ausschließlich deswegen, um Dein Kind und seine Privatsphäre zu schützen.

# 17. Praktische Tipps für den Umgang mit Verhaltensauffälligkeiten

Wie reagiert Dein Kind zurzeit auf seine Belastung? Und was kannst Du tun, um so einfach und entspannt wie möglich damit umgehen zu können?

Hier zwei Beispiele:

## Einnässen

Viele Kinder, die sexuell missbraucht wurden, nässen nachts ein.

Praktische Entlastung bringen folgende Tipps:

- Kaufe **mehrere Inkontinenzunterlagen**, die Du wie Spannbettbezüge aufziehen kannst. Dann hast Du immer eine frische zur Hand, auch wenn Du mal nicht zum Waschen gekommen bist.

- Beziehe die Matratze Deines Kindes bei **kleineren Matratzen von beiden Seiten**. Dabei ist die obere Seite die zuletzt bezogene. Wenn Dein Kind dann nachts einnässt, musst Du „nur" Dein Kind umziehen. Du wickelst die nasse Kleidung direkt in der nassen Seite der Inkontinenzunterlage ein (deponierst sie ggf. schon mal in der Waschmaschine oder legst sie gut eingefaltet neben das Bett) und drehst die Matratze einfach um. Dann hast Du wieder eine trockene Unterlage für Dein Kind, ohne nachts die Matratze neu beziehen zu müssen. Am nächsten Morgen beziehst Du die unbezogene Seite neu und drehst sie wieder nach oben. Ist die **Matratze** Deines Kindes so **groß**, das Umdrehen nicht naheliegend ist, **beziehe** die Matratze direkt **mit mehreren Inkontinenzunterlagen** . So kannst Du sicherstellen, dass Du nachts nach dem Abziehen der nassen Unterlage nicht eine neue

draufziehen musst. Nässt Dein Kind mehr als
einmal ein, beziehe ruhig 2-3 übereinander.

- Wenn Dein Kind das mag, lasse es in einem
  **Schlafsack** statt unter einer Decke schlafen.
  Schlafsäcke nehmen auf der Wäscheleine (oder
  im Trockner) weniger Platz weg.

- Eine große Entlastung ist es auch, wenn Dein Kind
  sich auf **"Notfall-Höschen"** einlassen
  würde. Auch für ältere Kinder gibt es Einmal-
  Windelhöschen oder auch Stoffhöschen, die sogar
  wie Schlafhosen aussehen. Dein Kind könnte das
  Design auch selbst mit auswählen, wenn es sich
  dann wohler damit fühlt. Ein Beispiel dafür sind
  die "Little Clouds" Höschen (zu finden unter: die-
  besten-stoffwindeln.de). Sie sind dicht und das
  Höschen und die eingelegten Stoffeinlagen zum
  Aufsaugen können einfach mit der normalen
  Wäsche mit gewaschen werden. Das ist für etwas
  ältere Kinder dann nicht direkt eine „Windel",
  sondern kann noch als „Notfall-Höschen" benutzt
  werden. Gerade in Phasen, wo Befragungen
  stattfinden oder das Kind aufgewühlt ist, kannst
  Du Dir so eine Menge Wäsche und dem Kind
  nächtlichen Stress ersparen. (Statt der
  verhältnismäßig teuren Einlagen, kannst Du Dein
  Kind auch einfach gefaltete Waschlappen oder
  Gästehandtücher zum Aufsagen in normalen Slips
  darin tragen lassen und dann ggf. alles zusammen
  waschen. Die passenden Einlagen sind aber

natürlich schon saugstärker und vermutlich auch bequemer. Probiere aus, was für Dein Kind und Dich gut funktioniert.) Von den Stoffhöschen brauchst Du -je nachdem wie oft Du wäscht- ohnehin nur 2-4 Sets. Es ist eine Investition am Anfang, die Dir aber sehr viel Stress ersparen kann. Und wenn Du eine Variante gefunden hast, die Dein Kind mag und die für Euch funktioniert, kann ich Dich nur ermutigen, diese dann auch in der Anzahl zu kaufen, in der Du immer eine frisch gewaschene, trockene zur Hand haben kannst. Wenn Du noch unsicher bist, welche Variante für Dein Kind richtig wäre, kannst Du Dich bei den meisten Anbietern auch in Ruhe telefonisch beraten lassen.

## Nachtschreck

Leidet Dein Kind unter Nachtschreckphasen? Auch das ist bei Kindern, die Übergriffe erlebt haben nicht unüblich.

- Richte einen Raum oder einen Raumbereich ein, in dem es nichts gibt, woran es sich verletzten kann. Das kann auch eine große Kuschelecke ohne harte Möbel in der näheren Umgebung sein.

- Retardiert Dein Kind (also verhält es sich in der Nachtschreckphase jünger als es aktuell ist) kannst Du ausprobieren es so zu trösten, als hätte es das Alter, in welchem es sich gerade zeigt. Vielleicht bekommst Du dann leichter Zugang zu Deinem Kind.

## Weitere Verhaltensauffälligkeiten

Es gibt eine ganze Reihe von weiteren Verhaltensauffälligkeiten, die Kindern in einer solche Situation zeigen können. Vielleicht zeigt Dein Kind auch aggressives Verhalten, -sogar Dir gegenüber. Bitte wundere Dich nicht, dass hier nicht alle möglichen und vielleicht auch Dich betreffenden Verhaltensweisen aufgeführt sind. Es tut mir leid, falls Dein aktuelles Problem hier nicht aufgeführt ist. An dieser Stelle wollte ich aufzeigen, dass es sich lohnt, nach konkreten Gestaltungsmöglichkeiten zu suchen, da diese sehr unterstützen können.

## Grundsätzlich gilt

Je nüchterner Du strukturelle Lösungen für die aktuelle verrückte Situation finden kannst, desto leichter ist Dein Umgang damit und desto leichter ist es auch für Dein Kind!

Reagiert Dein Kind eher auf der psychischen Ebene und Du merkst, dass Deine Geduld langsam ein Ende hat?

Versuche einen Satz oder Sätze zu finden, die Dich beruhigen und die Du Dir sagen kannst, wenn Dein Kind zum Beispiel zum wiederholten Male ausrastet und schreit. Das kann so etwas sein wie:

„Es ist nicht einfach für mich, mein Kind so zu erleben (Selbstempathie). Und gleichzeitig zeigt dieses Verhalten, dass mein Kind sich mir zumutet, sich mir also anvertraut. Ich bleibe ruhig und zeige meinem Kind so, dass ich es liebe."

Oder kurz: „Ich bleibe für mein Kind ruhig und präsent."

Mache Dir auch bewusst, dass Du Dir später Ausgleich und Hilfe holen kannst.

Das Buch „Praktische Selbst-Empathie" (siehe Kapitel: Kleine Literaturliste für hilfreiche und aufbauende Bücher) ist eine gute Hilfe für eine erfolgreiche Selbstfürsorge. Zu dem Punkt Selbstfürsorge kommen wir später noch einmal ausführlicher.

# 18. Was braucht Dein Kind noch?

Von den extremeren Situationen abgesehen, können weitere Punkte helfen, Dein Kind mit seinen aktuellen Bedürfnissen zu unterstützten. Konkret kann das heißen:

Braucht Dein Kind einen Boxsack, um seine Wut auszudrücken? Oder eine große Kuscheldecke zum Einmummeln? Einen großen Teddybären, der es nachts beschützen kann (ggf. waschbar)? Oder eine Ritterrüstung und ein Schwert zum Spielen und neben das Bett legen, damit es sich stärker fühlen kann?

Du kannst Dich das hin und wieder fragen - und auch Dein Kind. Alles was zu mehr Sicherheit und Entspannung beiträgt, entlastet Eure Situation.

Manchmal hilft auch eine einfach Information: Je nach dem ob Dein Kind noch befragt wird oder nicht, entscheide bitte, wie und was Du aus der folgenden Anregung schon sagen kannst: Manchen Kindern hilft es zu erfahren, dass andere Kinder genau so etwas auch schon erlebt haben. Das ist vielleicht ein bisschen tröstlich für Dein Kind, weil es dann weiß, dass es mit dieser Erfahrung nicht allein ist.

Je nach Alter Deines Kindes und der Stadt in der Du wohnst gibt es sogar Gruppen für Kinder mit Grenzverletzungserfahrungen. Hierbei musst Du natürlich beachten, ob noch Befragungen Deines Kindes ausstehen. -Die Gefahr wäre, dass die Teilnahme an einer solchen Gruppe vor Gericht vielleicht als Manipulationsversuch gewertet werden könnte.

# 19. Normalität für Dein Kind - Routinen geben Sicherheit

Gerade Kinder, die etwas Traumatisches erlebt haben, brauchen Routinen. – Das Gefühl, dass das Leben weiter geht, dass das Schöne weiter bestehen wird und dass sie sich darauf verlassen können, zu wissen was morgen kommen wird.

Routinen sind meist nicht das Erste, woran Eltern unter Schock denken.

Dennoch sind diese neben dem Schutz die wichtigste Basis für das Kind, um sich wieder zurechtzufinden und neues Vertrauen schöpfen zu können.

Und es ist ja auch ganz beruhigend: Neben den neuen Herausforderungen müssen wir nicht noch unseren ganzen weiteren Alltag umstellen. Im Gegenteil: Je vertrauter der Ablauf, desto besser ist es für das Kind.

Weitere Anregungen findest Du in dem Buch: „Erste Hilfe für traumatisierte Kinder" von Andreas Krüger. Missbrauch ist hier ein sehr praktisch behandelter Unterpunkt.

Auch das für Euch normale Kuscheln und gemeinsame Entspannen – sofern Dein Kind das möchte – sind jetzt besonders wichtig. In der Normalität auftanken, um das Unfassbare zu verkraften, kann ein unterstützender Baustein sein.

Und auch für Dich als Elternteil kann es heilsam sein, zu erleben, dass auch weiterhin so viel Schönes mit Deinem Kind möglich ist.

# 20. Selbstfürsorge

Dein Hauptfokus wird aktuell vermutlich der Schutz und die Sorge um Dein Kind sein.

Mache Dir aber unbedingt bewusst, dass Du nur für Dein Kind sorgen kannst, wenn Du viel Kraft und Energie hast und es Dir so gut wie irgend möglich geht.

Nach der ersten akuten Phase ist das Thema leider meist noch lange nicht abgeschlossen. Eine sehr gute Fachberaterin hat es mal so erklärt: „Bei dem Thema braucht man viel Durchhaltevermögen und Geduld. Es ist wie rückwärts einparken. Man kann das nur Stück für Stück machen und es braucht Zeit."

Für diese erste Phase möchte ich Dir empfehlen vor allem erst einmal für Deine Basis zu sorgen: Schlaf, Essen und Pausen.

Wenn Du schon den Kopf für mehr Selbstfürsorge hast, wirst Du gleich unter dem Punkt „26. Das A&O für den Kindesschutz: Nerven bewahren" weitere Tipps für das mittelfristige Durchhalten finden. Natürlich darfst Du diese auch jetzt schon anwenden!!

# Phase 3: Anhaltender Schutz und Unterstützung für Dein Kind

Du hast in Phase 1 bereits einiges eingeleitet, um Dein Kind zu beschützen. Und auch den neuen Alltag hast Du in Phase 2 bereits angefangen zu gestalten. Jetzt geht der Fokus noch einmal auf den Schutz Deines Kindes und strukturelle Maßnahmen.

# 21. Grundregeln, um Dein Kind vertreten und beschützen zu können

### Überlege, ob Du Dir Unterstützung mitnimmst

Eine wichtige grundsätzliche Empfehlung vorab: In vielen Situation wie zum Beispiel beim Jugendamt oder sogar während der gerichtlich angeordneten Befragung innerhalb eines Gutachtens kannst Du eine Begleitung mitnehmen. Frage am besten Deinen Anwalt/Deine Anwältin oder auch die Stelle direkt, ob das möglich ist.

Auch wenn die Person in manchen Situation selber nichts sagen darf (zum Beispiel während einer gutachterlichen

Befragung), kann die emotionale Unterstützung durch die Präsenz einer vertrauten Person Deiner Wahl enorm sein. Er und sie kann sich auch Notizen machen und die Situation anschließend mit Dir besprechen.

**Stimme Dich optimistisch ein**

Das klingt jetzt vielleicht ein bisschen zu wolkig in einem so ernsten Kontext. Denke aber daran, dass Du immer mit Menschen und nicht mit "Diagnose-Robotern" sprichst. Versuche mit der Haltung: "Ich respektiere mein Gegenüber und vertraue darauf, dass er/sie mir weiterhilft" in alle Begegnungen zu gehen.

Aus dem Gegenteil wird vielleicht klarer warum: Wenn jemand mit allen möglichen negativen Vorurteilen zum Jugendamt oder zum Rechtspsychologen geht, wird diese Person vermutlich als weniger offen und damit auch vielleicht weniger vertrauenswürdig eingestuft!

**Je sachlicher Du bist, desto ernster wirst Du genommen.**

Ich weiß, es klingt verrückt, dennoch werden üblicherweise als erstes die Mütter (oder Väter) eingeschätzt und beurteilt, bevor ihre Sorge um das Kind ernst genommen wird.

Da Du eine wichtige Aufgabe hast, wirst Du diese so gut erfüllen wollen, wie es irgend möglich ist. Leider kann das auch heißen, dass Du manchmal Deine eigenen (berechtigen!) Gefühle sehr im Zaum halten musst. Um Dein Kind erfolgreich vertreten zu können, ist schlichte Sachlichkeit oft notwendig. Deine Gefühle, Deine Fassungslosigkeit, Wut und Trauer dürfen und müssen Raum finden. Es ist allerdings wichtig, dass Du klar für Dich entscheidest, wo das angebracht ist. Bei Deiner Familie, Freunden, Deiner Fachberatung oder einer Einzelberatung zum Beispiel, sind die richtigen Orte.

Sobald Du aber beim Jugendamt, bei der Polizei oder im Gerichtssaal bist, wird Sachlichkeit derzeit immer noch als Grundlage Deiner Glaubwürdigkeit gewertet.

An dieser Stelle ist es auch wichtig im Hinterkopf zu behalten:

Nimm es nicht persönlich, wenn DU ständig unter Verdacht zu stehen scheinst und auf „Zurechnungsfähigkeit" geprüft wirst.

Wichtig ist, dass Du nicht in die Ecke „hysterische Mutter" oder „emotionaler Vater" gestellt werden kannst. Aus dieser Ecke heraus ist es schwerer, Dein Kind zu beschützen. Wenn Dir das aber dennoch direkt oder indirekt vorgeworfen werden sollte, bleibe ruhig. Denn dies ist der Standardvorwurf, mit dem Du vermutlich früher oder später ohnehin konfrontiert werden wirst.

Du kannst nur so wenig wie möglich aktiv dazu beizutragen.

Ironischerweise kann das auch bedeuten, dass Du sachlich auf genau diesen Vorwurf und auch auf ähnliche Provokationen nicht emotional reagierst! Helfen können dann (möglichst ruhig ausgesprochene) Sätze wie zum Beispiel:

„Fakt ist, dass mein Kind xyz beschrieben hat und die folgenden Verhaltensauffälligkeiten zeigt. Das beides führt logischerweise dazu, dass ich als Mutter (oder Vater) eine Klärung der Gründe haben möchte. Ich nehme mein Kind ernst und möchte sichergehen, dass es keiner Bedrohung ausgesetzt wird."

**Argumentiere immer ausschließlich im Sinne des Kindes**

Am besten gewöhnst Du Dir auch direkt an, immer und ausschließlich im Sinne Deines Kindes zu argumentieren. Das macht auch vor Gericht Sinn. Vielleicht sagst Du jetzt: „Das ist doch klar." Was ich damit meine ist: Lass folgendes möglichst raus, sofern Dich das oder ähnliches betrifft:

- Deine eigene Meinung.

- Deine Interpretationen und Vermutungen.

- Dein eigenes Leiden, wie zum Beispiel Schlafentzug, finanzieller Druck oder Stress der durch die Traumareaktionen Deines Kindes entstanden ist. Das klingt hart, aber hier geht es wieder nur darum, dass Du bewusst entscheidest, wo Du über Deine Situation und Deine Gefühle sprechen kannst und wo Du möglichst nur im Sinne des Wohles Deines Kindes argumentierst.

- Auch das Thema „Gerechtigkeit" ist leider keine Basis um Dein Kind zu schützen. Viele Eltern geben ihren Schlaf, ihre Zeit und ihr Geld um ihr

Kind zu trösten, aufzufangen und für seinen Schutz zu sorgen. Der „Verdächtigte" kann währenddessen abwarten, welche Beweise überhaupt gesammelt werden können. Gerecht ist an diesem Thema nichts. Leider interessiert sich das Gericht nicht für Gerechtigkeit, sonders ausschließlich dafür, welche Art von Umgang für das Kind gut ist oder – sofern eine außerfamiliäre Traumatisierung stattgefunden hat – ob der Vorfall beweisbar ist. Aussagen und Verhaltensauffälligkeiten reichen oft leider nicht aus. Umso wichtiger ist daher die möglichst nüchterne Beschreibung der Gesamtsituation.

# 22. Zielfokus: Was genau will ich erreichen?

Wo auch immer Du den nächsten Termin hast, beim Jugendamt, beim Arzt, bei der Polizei oder bei Gericht: Strategisch handeln wird Dich erfolgreicher machen. Wenn Du bisher in Deinem Leben ohne strategisches handeln weitergekommen bist, wunderbar. Aber jetzt ist vielleicht der Zeitpunkt etwas Neues zu lernen.

Frage Dich vor jedem Termin ganz konkret: Was genau will ich erreichen?

Schauen wir uns das am Beispiel des Jugendamtes an:

# 23. Vom Umgang mit dem Jugendamt

Informiere Dich am besten vorher, welche Möglichkeiten das Jugendamt in Deinem Fall hat, Dein Kind zu schützen. Dann kannst Du konkreter auf diese Lösung zusteuern.

Beachte aber auch: Die meisten Menschen mögen es nicht, wenn man ihnen „vorschreibt" was sie zu tun haben. Erkläre lieber Deine Situation in ihrer Dringlichkeit und frage gegebenenfalls freundlich nach weiteren Möglichkeiten des Schutzes. Das gilt immer und insbesondere dann, wenn Du schon weißt, dass es mehr Möglichkeiten gibt, als Dir vorgeschlagen wurden.

Wenn Du den Eindruck hast, die Sachbearbeiterin/der Sachbearbeiter nimmt Deine Sorge nicht ernst, lasse Dich wiederum zum Beispiel vom Hilfetelefon Sexueller Missbrauch oder Deiner Fachberatungsstelle beraten. Manchmal hilft es auch eine Ebene höher zu gehen - also mit der/dem Vorgesetzten zu sprechen.

Grundsätzlich kannst Du aber davon ausgehen, dass Du ernst genommen wirst und „Dein Fall" zunächst zum Beispiel unter den Paragraphen 8a der Kindeswohlgefährdung fällt. Dieser Paragraph trifft zum Beispiel zu, wenn Dein Kind einer Gefährdung durch eine sorgeberechtigte Person ausgesetzt sein könnte. Dieser Paragraph schreibt unter anderem vor, dass eine mögliche Gefährdung Deines Kindes vom Jugendamt geprüft werden muss.

Über das Gespräch mit dem Jugendamt sollte ein Protokoll angefertigt werden. Ließ Dir dieses sorgfältig durch, korrigiere ggf. Deine Aussagen und finde heraus, welchem Paragraphen Deine Situation zugeordnet wurde. Hier hilft wieder ein Anwalt, eine Fachberatung oder das Hilfetelefon Sexueller Missbrauch.

Es ist wichtig, dass Du verstehst, was passiert. – Und das ist oft erst einmal gar nicht so einfach! Wenn Du Deine Rechte kennst, weißt Du auch, wie Du Dein Kind am besten schützen kannst und worauf Du es vielleicht vorbereiten musst. (Um Deine Rechte zu kennen ist eine juristische Beratung für Deine individuelle Situation - wie im ersten Kapitel empfohlen - sehr wahrscheinlich unerlässlich. Beratungsstellen können manchmal schon Tipps geben, kennen aber in der Regel nicht alle rechtlichen Aspekte.)

# 24. Diagnostik

Falls es zu einer Diagnostik kommen sollte, sind viele der bereits genannten Punkte besonders wichtig: Sei Dir bewusst, dass Du ebenfalls auf Glaubwürdigkeit geprüft wirst und dass das nichts mit Dir persönlich zu tun hat. Konzentriere Dich auf die Situation Deines Kindes und bringe Vermutungen nur ein, wenn sie notwendig sind und mache deutlich, dass es eine Vermutung ist.

Statt: „Es ist doch völlig klar, dass X dann stattgefunden hat."

Sage lieber: „Mein Kind hat mir folgendes erzählt (...). Ich kann nur vermuten, dass das an dem Wochenende geschehen ist."

Sei Dir immer bewusst: Wenn Du nicht dabei warst, darfst Du das Gehörte nicht als Fakt darstellen, selbst wenn Du Dir absolut sicher bist.

Kinder vermischen manchmal auch Details. Wenn Du nüchtern wiedergibst, was Du weißt und gegebenenfalls noch, welchen Reim Du Dir als Mutter oder Vater darauf machst, bist Du nicht angreifbar, sondern wirst eher als besonnen und vertrauenswürdig beurteilt.

# 25. Therapie für mein Kind? Eine Selbst-Hilfe Kindergruppe?

Wenn Dein Kind leidet – und das ist wahrscheinlich – kannst Du klären, ob eine Kindertherapie eine geeignete Maßnahme ist.

Dabei ist zu beachten:

Die Empfehlungen im Kontext mit einem Gerichtsverfahren gehen sehr auseinander: Manche Anwälte und Fachstellen empfehlen, so früh wie möglich eine Kindertherapie einzuleiten. Nicht nur, damit Dein Kind Unterstützung erhält, sondern auch, damit der Therapeut/die Therapeutin dem Gericht eine Stellungnahme schreiben kann.

Andere Anwälte und Fachstellen verweisen darauf, dass eine Kindertherapie von Richtern als Beeinflussung gewertet werden kann und erst nach Abschluss der (sofern notwendigen) ausstehenden Befragungen aktiviert werden sollte.

Ich persönlich tendiere zur frühzeitigen Einleitung einer Kindertherapie. Allerdings ist jeder Fall anders und leider kann es auch hier keine qualifizierte pauschale Empfehlung geben. Das Alter des Kindes, die genaue Situation, die konsequente Dokumentation des Therapeuten/der Therapeutin und weitere Faktoren können hier ausschlaggebend für die Bewertung durch das Gericht sein.

Wenn Du Dich für eine Kindertherapie entscheidest, lass Dich am besten beraten, welche Art für Dein Kind passend ist und wo Du fachlich qualifizierte Therapeuten finden kannst. Das Hilfetelefon Sexueller Missbrauch oder Deine Fachberatungsstelle können Dich hier sicher unterstützen. Denn es gibt verschiedene therapeutische Ansätze: von Verhaltenstherapie, über tiefenpsychologisch fundierte Verfahren, von Kassenleistung bis Privatleistung und einigen anderen Kriterien stehen verschiedene Wahlmöglichkeiten für Dich bereit. Wünschenswert wäre natürlich, wenn Traumatherapeutisch mit Deinem Kind gearbeitet werden könnte.

Wenn Du Dich für eine krankenkassenfinanzierte Therapie entscheidest, informiere Dich am besten über Deine Möglichkeiten, auch verschiedene Therapeuten kennen zu lernen. Das kannst Du direkt bei der Krankenkasse Deines Kindes erfragen. Grundsätzlich kannst Du – und dann als nächstes Dein Kind – mehrere Therapeuten kennen lernen, bevor Du Dich, bzw. Dein Kind sich für einen Therapeuten entscheidet. Es ist wichtig, dass ihr euch beide mit der Therapeutin oder dem Therapeuten wohlfühlt. Denn diese oder dieser ist sowohl Ansprechpartner für Deine Fragen zu Deinem Kind, sowie natürlich vor allem auch direkte Vertrauensperson für Dein Kind.

Falls Du Dich aktuell gegen eine Kindertherapie entscheidest, Dein Kind selber nicht möchte, die Zeit bis zu einem freien Therapieplatz zu lange dauert oder es keine nahe, praktisch umsetzbare Möglichkeit für Euch gibt: Je nach Alter Deines Kindes und der Stadt in der Du wohnst gibt es auch Gruppen für Kinder mit Grenzverletzungserfahrungen. Diese könnten auch eine Alternative (oder auch Ergänzung) zur Kindertherapie sein.

# Phase 4: Was kann ich tun, um selber durchzuhalten?

Du hast schon so viel geleistet! Dennoch ist es in den meisten Fällen nicht so, dass das Thema plötzlich einfach abgeschlossen ist. Jetzt geht es in die lange Phase des langfristigen Schutzes, des Durchhaltens und vor allem des "Trotzdem-glücklich-seins"!

# 26. Das A&O für den Kindesschutz: Nerven bewahren

Ich wünsche Dir, dass Du ausschließlich auf kompetente und einfühlsame Menschen triffst: Beim Jugendamt, vor Gericht, in jedem Kontakt. Selbst in diesem Fall ist Deine Situation sehr herausfordernd und Du brauchst gute Nerven.

Es kann aber auch sein, dass nicht alles glatt läuft, und das wäre aktuell in Deutschland auch nach Aussage des Hilfetelefons Sexueller Missbrauch nichts Ungewöhnliches. Dann musst Du umso besser für Dich sorgen, um gut durchzuhalten.

Gerade bei diesem Thema gibt es eine lange Liste von Situationen, die einem wirklich die Nerven rauben können.

(Neben dem nicht seltenen Schlafentzug, können Meinungsänderungen der Sachbearbeiter beim Jugendamt oder in der Diagnostik wirklich auf die Nerven gehen und zu einer großen zusätzlichen Belastung werden. Oder der Verdächtige kontaktiert Dich schon wieder und drängt auf Kontakt...)

Bitte finde immer wieder in Deine Mitte. Deine Aufgabe ist wirklich groß, aber DU KANNST DAS SCHAFFEN! Vertraue darauf, dass Du in der Lage bist, mit dieser Situation umzugehen. Und wenn Du Dich überfordert fühlst, vertraue darauf, dass Du neue Wege finden wirst.

Es gibt viel, was Dir helfen kann, Deine Mitte wiederzufinden. Einiges kennst Du vermutlich bereits. Schreib doch mal direkt mindestens 3 Dinge auf, die DIR GUT TUN und die DIR KRAFT GEBEN:

1.

2.

3.

Hier ein paar Anregungen, die helfen können, auch bei Stress „bei Verstand" zu bleiben:

# 27. Du entscheidest, wann Du Dich mit dem Thema beschäftigst

Ein so emotionales Thema ist manchmal gar nicht einfach beiseite zu legen.

Hilfreich kann sein, dass Du Dir immer wieder bewusst machst:

*Du hast die Kontrolle, wann Du E-Mails oder Deine Post liest und wann und ob Du an Dein Telefon gehst.*

**Ein Beispiel für ein technisches Hilfsmittel ist:**

Wenn du nicht bei jedem Öffnen Deines E-Mail Posteingangs potenziell mit diesem Thema konfrontiert werden möchtest, kannst Du folgendes tun: Gehe in Deinem E-Mail Programm zu Einstellungen und richte Regeln ein, damit E-Mails, die mit diesem Thema zu tun haben, erst einmal als gelesen in einen Unterordner verschoben werden. Dann musst Du nicht bei jedem Öffnen Deiner E-Mails mit aufwühlenden Nachrichten rechnen. Du kannst dann in einem Moment mit mehr Ruhe bewusst den Ordner öffnen, in dem sich zum Beispiel die E-Mails von dem Verdächtigten, Deinem Anwalt, der Diagnostik oder dem Jugendamt befinden.

Wenn Du das nicht selbst kannst, kannst Du vielleicht jemanden aus Deinem Umfeld bitten, Dir diese Funktion einzurichten. Oder Du recherchierst es selber im Internet.

Das kann Dir zumindest insofern mehr Normalität zurückgeben, als dass Du nicht ständig mit dem Thema von außen konfrontiert wirst. So können die Lücken, in denen Dein Leben „normal" weiter geht und Du Dich entspannen kannst, größer werden.

## Dein Kalender – das Thema auf feste Termine eingrenzen

Die Gefahr, dass Du Dir zu oft Gedanken um dieses Thema machst und sogar Gedankenkreisen anfangen kann, ist groß. Ein einfaches Hilfsmittel ist Dein Kalender. Je nach Phase in der Du Dich gerade im Kontext mit dem Schutz Deines Kindes befindest, ist es völlig ausreichend alle drei Tage Deine E-mails oder Post zu lesen. Du wirst am besten einschätzen können, welches Intervall gerade notwendig ist. Dann kannst Du Dir einen regelmäßigen Termin in Deinen elektronischen Kalender eintragen, der Dich automatisch daran erinnert, einmal zu checken, ob es etwas gibt, worum Du Dich kümmern solltest.

Das bedeutet vor allem aber auch: Du beschäftigst Dich sonst NICHT mit dem Thema und fokussierst Dich sonst auf andere, SCHÖNE THEMEN! Du delegierst die Aufforderung dazu vollständig an Deinen Kalender!

Wenn Du einen Papierkalender benutzt, kannst Du einfach dann, wenn Du das Thema wieder fertig bearbeitet hast, festlegen, wann der nächste „Termin" dafür sinnvoll ist. Trage ihn einfach mit Uhrzeit ein und widme Dich dann anderen Themen.

So kannst Du zum Beispiel auch Vorbereitungszeiten für ein Gespräch mit dem Anwalt oder Jugendamt festlegen. Wenn Du dann abends beim Einschlafen noch Ideen dazu hast, könntest Du diese zum Beispiel kurz auf ein Papier schreiben, welches neben Deinem Bett liegt. Dann aber auch entscheiden, diesem Thema im Schlafzimmer keinen Raum mehr zu geben. „Morgen früh werde ich das Gespräch vorbereiten. Jetzt denke ich daran, was ich im letzten Urlaub genossen habe..."

Ich sage nicht, dass das leicht ist. Aber immer wieder bewusste Entscheidungen zu treffen, wann Du Dich mit dem Thema auseinandersetzten möchtest und wann eben auch nicht, ist auch dann hilfreich, wenn es nicht immer gleich gut klappt.

# 28. Wie Du das Thema zur Seite legen kannst

Vielen Menschen hilft es, wenn sie ein stressiges Thema bewusst abschließen. So signalisieren sie ihrem Gesamtorganismus, dass der „Einsatz" zu Ende ist.

Du kannst Dir dafür Deine ganz persönlichen Rituale schaffen. Beispiele sind:

- Schließe das E-Mail Programm und schalte ein schönes Lied ein

- Steh auf, schüttele Deinen Körper aus und stelle Dir vor, wie der Stress, den Du aufgrund des letzten Telefonats zu diesem Thema hattest von Dir abfällt

- Zieh Dich um

- Gehe eine Runde um den Block

- Wechsele den Raum und koche Dir einen Tee

**Ein Beispiel für ein materielles Hilfsmittel ist: die stabile Mappe für das Thema**

Manchmal kann auch ein kleines Hilfsmittel sehr unterstützend wirken. Zum Beispiel kannst Du Dir in einem Schreibwarenladen eine feste Mappe oder einen stabilen Ordner kaufen, in welchem Du alle Dokumente sammelst, die mit dem Thema zu tun haben. Hast Du die aktuellen Briefe gesichtet und beantwortet, kannst Du sie dort ablegen. Weise diesem Thema symbolisch einen klaren und abgrenzten Raum innerhalb Deines Lebens zu, in dem Du diese Mappe immer an denselben Ort stellst und dann den Schrank ganz bewusst wieder verschließt.

Statt zu versuchen „nicht mehr daran zu denken", kannst Du Dir danach bewusst ein anderes Thema suchen, welches produktiver und schöner für Dein Leben ist.

# 29. Kurze Aktionen zum Entspannen und Abstand gewinnen

Mit einigen Entspannungsmöglichkeiten bist Du sicherlich schon vertraut. In der aktuellen Situation brauchst Du aber vielleicht mehr als diese.

Abstand gewinnen kann jetzt eine notwendige Grundlage für Deine Entspannung sein. Statt gefühlt in der Mitte des Sturmes zu stehen, ist es nun wichtig, bewusst heraus zu treten. Den Sturm zu verlassen. Vielleicht später mit neuem Abstand noch einmal darüber schauen, aus der Ferne und dadurch mit einer anderen Klarheit.

Die folgenden Möglichkeiten sind wirksam. Schau mal, was Dich davon anspricht und Du ausprobieren, oder auch wieder aufnehmen könntest:

### Die Kraft der Bilder nutzen

Du kannst Dir zum Beispiel vorstellen, wie Du das Thema durch ein Plexiglasschild siehst. Kennst Du diese Schutzschilder, welche die Polizei bei Demos benutzt, um sich gegen gewalttätige Demonstranten zu schützen? Du kannst ausprobieren, Dir vorzustellen, dass Du das Schutzschild trägst und Du so von dem vor Dir stehenden Thema abgeschirmt bist. Manchen Menschen fällt es so leichter, sich weniger emotional davon berühren zu lassen.

Du könntest Dir auch vorstellen, wie Du den Stress und das ganze Thema für eine Weile ganz weit wegstellst. Stelle Dir vor, das Thema wird für Dich: kleiner, leiser, farblos, weiter weg, stelle Dir vor darüber zu schweben, ...

## Deine Körperhaltung

Mit belastenden Inhalten konfrontiert, lassen die meisten Menschen die Schultern hängen, sacken in sich zusammen und fühlen sich in der Folge noch kraftloser und hilfloser.

Denke mal an eine sehr kraftvolle, starke und erfolgreiche Person. Das kann eine reale Person oder auch eine erfundene sein! Jeanne d'Arc, die Queen von England, James Bond, Super Man, Helen Keller, Gandhi, Michelle Obama, der Dalai Lama...

Du kannst mal ganz bewusst ihre Körperhaltung einnehmen. Vielleicht entwickelst Du sogar Ideen, wie sie mit dieser herausfordernden Situation umgehen würden.

Wenn wir unsere Körperhaltung verändern und vielleicht sogar noch zusätzlich unsere Gedanken und Assoziationen, folgen oft auch Veränderungen unserer Gefühle und neue Ideen.

Das sind einzelne Beispiele für mentale Möglichkeiten zur Dissoziation.

Aber wenn Dir das nicht zusagt, gibt es noch so viele andere Möglichkeiten!

**Kalt Duschen**

Auch eine Möglichkeit mal ganz loszulassen und wieder im „Hier und Jetzt" anzukommen ist das kalte Duschen. Das kostet zwar erst einmal Überwindung, kann aber eine wahre Wohltat für ein übererregtes Nervenkostüm sein. Eine konkrete Anleitung und sogar den wissenschaftlichen Hintergrund wie und warum das so gut hilft, bietet der Niederländer Wim Hof. Seine aktuelle Website ist: https://www.wimhofmethod.com

Du kannst ihn aber auch einfach im Internet selber finden und Dir diverse YouTube Videos von ihm und über seine Methode anschauen. Seine Methode hilft!

Aber auch schon lange vor Wim Hofs Bekanntheit war und ist das kalte Duschen als psychologische Stabilisierungs-Maßnahme in Krisenzeiten ein lang bekanntes und bewährtes Mittel.

**Richtig Atmen**

Grundsätzlich gilt: Unter Stress und Angst atmen wir zu wenig und zu flach. Wenn wir angespannt sind, ist es bereits wohltuend, bewusst ein paar tiefere Atemzüge zu nehmen. Für die biologisch Interessierten: Betrachtet man das vegetative Nervensystem, ist das tiefe Atmen eine schnelle Methode um von der aktiven bis gestressten Aktivierung des Sympathikus in den parasympathischen Erholmodus umzuschalten. Gerade tief in den Bauch zu atmen kann Dich tief entspannen.

Auch zu diesem Thema gibt es beeindruckende wissenschaftliche Erkenntnisse.

Konkrete Atemübungen, die über ein paar tiefere Atemzüge hinausführen, findest Du auf den Seiten von Wim Hof sowie in Yogatraditionen und in Meditationskontexten.

## Auszeit in der Natur

Die Natur kann mit ihrer wilden Schönheit etwas Tröstliches, Erholsames und manchmal sogar Stärkendes haben. Ein kurzer oder längerer Spaziergang an der frischen Luft kann ein wichtiger Beitrag zu einem klareren Kopf und mehr Wohlbefinden sein.

## Lachen

Ich weiß, das Thema dieses Buches ist wirklich völlig fern von jeglicher Freude. Genau deswegen ist es so wichtig, Dir Auszeiten zu nehmen und Dich in eine Situation zu bringen, in der Du Dich freuen und entspannen kannst. Das kann einfach ein lustiger Film sein oder irgendetwas, was Dich ermuntert und amüsiert.

Gibt es einen Teil in Dir, der das fehl am Platze findet? Schöne Grüße an diesen: Je mehr Kraft und Positivität Du hast und neu schöpfen kannst, desto besser kannst Du für Dein Kind sorgen. Ich möchte Dich sogar noch ein bisschen weiter provozieren und ein Zitat, welches ich vor langer Zeit mal gehört habe, wiedergeben:

Spaß ist Deine Pflicht!

## Musik

Eine der einfachsten Möglichkeiten Deine Nerven zu beruhigen und von Stress auf Genuss zu schalten ist sicherlich die Musik. Suche Dir aufbauende, positive Musik, die entweder ruhig oder kraftvoll ist. Das kann auch Deinem Kind helfen, sich zu entspannen und den Fokus zu verändern. Wenn Dir oder Euch danach ist, fordert sie vielleicht sogar zum Hüpfen oder Tanzen auf.

Was Menschen entspannt oder positiv stimmt ist sehr unterschiedlich. Ein Beispiel für ein Lied, welches besonders tief entspannen soll ist "Weightless" von Marconi Union. Es wurde in Kooperation mit der "British Academy of Sound Therapy" entwickelt. Es soll tiefe tranceartige Entspannungszustände induzieren (und daher auch nicht beim Autofahren gehört werden). Bei YouTube kannst Du einfach mal hinein hören. Wenn es Dich anspricht, wunderbar. Ansonsten findest Du bestimmt andere Möglichkeiten, die Dein Wohlgefühl fördern.

## Massagen

In den eigenen Körper kommen, Verspannungen lösen lassen und auch vielleicht mal wieder Genießen: Eine professionelle Massage kann eine sehr hilfreiche Unterstützung sein, zu entspannen und loszulassen.

Aber auch ohne das Haus zu verlassen, kannst Du Dir selber helfen: Mit einem Massageball den Kopf massieren hat oft auch schon eine wohltuende Wirkung.

**Sport**

Wenn es Dir möglich ist, nutze die Bewegung, das Schwitzen und den Endorphin-Schub der Anstrengung, um wieder in Deine Mitte zu finden. Joggen, Trampolinspringen oder was auch immer Du gerne tust, um ins Schwitzen zu kommen hilft!

Da Du jetzt eine besonders herausfordernde Phase hast, nutze diese Möglichkeit regelmäßig.

Apropos regelmäßig...

# 30. Deine Routinen

Wenn es im Leben gut läuft, fällt es uns leichter gesund zu essen, uns zu bewegen, einen positiven Fokus zu halten und gut für uns und unsere Lieben zu sorgen.

Haben wir das Gefühl, der Erdboden tut sich auf und wir versuchen nur noch das Wichtigste zu regeln um über den Tag zu kommen, fällt das deutlich schwerer.

Wenn Du den Anfangsschock überwunden hast, möchte ich Dir empfehlen, mit Geduld und Freundlichkeit Dir selbst gegenüber wieder gesunde Routinen in Deinem Leben einzuführen. Finde nach und nach wieder Routinen die Dich stärken und Dir gut tun. Wie in dem Unterpunkt: Normalität für Dein Kind - Routinen geben Sicherheit, gilt auch für Dich: Routinen geben Halt und machen uns stark. Es ist nicht so wichtig, was wir alle paar Monate oder einmal im Jahr im Urlaub tun. Aber es ist sehr wichtig, was wir täglich und wöchentlich tun. Überlege Dir am besten jetzt sofort eine kleine Routine, die Du ab heute jeden Tag für Dich tun wirst.

Kleine aber wirkungsvolle Bausteine für *jeden Tag* können sein:

- 5-10 minütiger Spaziergang

- einen Witz lesen

- ein lustiges, schönes oder inspirierendes, kurzes YouTube Video sehen

- kalt Duschen, oder nach der heißen Dusche noch 30 Sekunden (oder immer länger) auf kalt drehen

- 10 Liegestützen

- genussvoll eine Tasse Tee trinken

- ein frisches Stück Obst essen

- ein schönes Lied hören

Ab heute nehme ich mir jeden Tag mindestens für diese kleine aber wirkungsvolle Routine Zeit:

Was kannst Du tun, um sicherzustellen, dass Du diese eine Routine auch wirklich umsetzt? Bitte verzeihe mir, wenn ich an dieser Stelle so hartnäckig bin. Ich bin einfach der festen Überzeugung, dass es sehr wichtig ist, dass DU nicht zu kurz kommst und wieder etwas zum Auftanken bekommst.

Manchen Menschen hilft es, diese Routine in den Kalender einzutragen. Oder in einer Woche die Frage einzutragen: Wie hat es geklappt mit meiner Routine?

Manche Menschen finden es hilfreich, einer nahestehenden Person zu erzählen, dass sie die Routine nun jeden Tag umsetzen wollen und so Unterstützung für diese bekommen.

Ich möchte Dir wirklich ans Herz legen, eine Sicherheit einzubauen in dieser herausfordernden Zeit mindestens eine kleine Routine für Dich einzuführen und umzusetzen.

# 31. Positiver Ausgleich

Wie schon erwähnt, ist es sehr wichtig, Dich auf der einen Seite sehr gut beraten zu lassen und alle notwendigen Informationen für die Situation Deines Kindes zu sammeln. Auf der anderen Seite ist es genauso wichtig, Dir Zeit für Dinge zu nehmen, die Dir Kraft geben und aus denen Du Freude schöpfen kannst.

Von sinnvollen Routinen mal ganz abgesehen, möchte ich Dich ermuntern, Dir ein Hobby oder ein Thema zu suchen, welches Dich wirklich interessiert oder am besten sogar begeistert. Vielleicht wolltest Du schon immer mal..

Orientalisch Tanzen lernen? Boxen gehen? Dich mit Finanzierungskonzepten beschäftigen? Ein eigenes Kleid nähen? Einen Fotokurs belegen? Mit Deinem Kind zusammen Töpfern ausprobieren? Oder Bogen schießen? ...

Hast Du eine spontane Idee, was das für Dich sein kann? Wenn Du magst, notiere das gleich hier:

Etwas Neues, Schönes und Interessantes für mich ist:

- 

Gerade an Tagen, an denen Du mit Rechtsanwältin, Jugendamt oder vielleicht sogar dem Verdächtigen zu tun hast, ist es umso wichtiger, bewusst ein Gegengewicht zu schaffen. Nimm Dir umso bewusster Zeit für etwas anderes. Dann weißt Du zumindest am Ende der Woche: Ja, ich habe für mein Kind gekämpft. Aber ich habe auch etwas Schönes für mich oder etwas Schönes für mein Kind und mich gemacht.

# 32. Lass Dich inspirieren und stärken

Ich hoffe sehr für Dich, dass von nun an alles für Dich glatt läuft. Wie schon gesagt, ist das allerdings gerade bei diesem

Thema leider selten der Fall. Und selbst wenn alles „glatt" liefe, ist es natürlich trotzdem ein erschütterndes Thema!

Mentale Stärke ist etwas, was Du daher vermutlich sehr brauchen wirst.

Du kannst Bücher lesen, Dir Videos anschauen (das geht auch in kurzen Pausen von ein paar Minuten) und Dich mit inspirierenden Menschen beschäftigen, die selber aus Schwierigkeiten herausgefunden haben.

Sehr hilfreich, um Dich immer wieder mit Dir selbst zu verbinden und neue Strategien für Dich und Dein Kind zu finden ist folgendes Buch:

Fritsch, Gerlinde R.

Praktische Selbst-Empathie: Herausfinden, was man fühlt und braucht. Gewaltfrei mit sich selbst umgehen

Weiterhin möchte ich Dir Tony Robbins und Mel Robbins empfehlen. (Soweit ich weiß sind diese nicht verwandt und der gleiche Name ist Zufall.) Das sind zwei sehr unterschiedliche Menschen, die sich selber aus sehr schlimmen Situationen herausgearbeitet haben. Sie haben sich dann darauf spezialisiert, anderen konkrete Hilfestellungen zu geben. Du findest Bücher, aber auch YouTube Videos und in manchen Städten sogar Gruppen unter diesen Namen.

Wenn Du auch Englisch liest, möchte ich Dir folgendes Buch ans Herz legen: "Notes from a friend" von Anthony Robbins

Auch das Buch „Die Gesetze der Gewinner" von Bodo Schäfer kann Dir vielleicht helfen, Deinen Blick zu heben und umso mutiger und kraftvoller Deinen Weg weiterzugehen.

Um eine ganz andere Inspiration zum Umgang mit verschiedenen Zuständen und Situationen in Deinem Leben zu bekommen, kann auch das Buch „Energielevel" von Frederick Dodson sehr helfen!

# 33. Hole Dir immer wieder Expertenrat

Und wieder zum Hauptthema zurück: Vermutlich wirst Du immer wieder vor Herausforderungen stehen, bei denen Du erst einmal nicht weiterweißt. Das ist total normal! Nutze immer wieder die Möglichkeit, Dich beraten zu lassen. Ob über das Hilfetelefon Sexueller Missbrauch, einen erneuten Anwaltsanruf oder die Kindertherapeutin, die Dir im Umgang mit Deinem traumatisierten Kind helfen kann...

Du bist nicht alleine und musst keine Entscheidungen treffen, die Dich überfordern. Du kannst unmöglich selbst all das notwendige Wissen haben, um mit diesem Thema immer gut umgehen zu können. Je früher Dir das bewusst ist und je schneller Du Dir ein umfassendes „Unterstützungsteam" zusammenstellen kannst, desto besser.

Ein „Team" für Dich könnte sein:

- ein Fachanwalt

- das Hilfetelefon Sexueller Missbrauch

- Deine Fachberatungsstelle

- die Kindertherapeutin

- Familie und Freunde, die von der Situation wissen und Dir den Rücken stärken

Ebenfalls hilfreich könnte sein:

- Ein Coach, der Dir hilft, mit Deinem Stress mit dem Thema umzugehen

Wer kann Dich noch unterstützen?

# 34. Das Thema darf auch „nur" im Hinterkopf sein

Wenn sich Dein Kind merkwürdig verhält, liegt das vielleicht an der Traumatisierung, dass es gerade „schwierig" ist. Manchmal sind Kinder aber auch einfach so nicht „gut drauf" oder haben eine der bekannten Entwicklungsphasen. Versuche, das Thema eher im Hinterkopf zu haben und Dein Kind erst einmal vor allem als normales Kind zu sehen. Wenn es „mehr" von Dir braucht, wirst Du das vermutlich merken und kannst Dir dann immer noch Gedanken dazu machen oder Dir Unterstützung holen.

# 35. Deine Verbundenheit zum Kind ist Nr. 1

Grundsätzlich gilt: Deine Verbundenheit zum Kind ist das Wichtigste überhaupt. Dein Kind hat sich Dir anvertraut. Damit hat es einen sehr großen und schwierigen Schritt getan und ihr habt offensichtlich schon eine gute Beziehung. Pflege diese nun umso bewusster, je mehr Herausforderungen (Gerichtsprozess etc..) nun von außen zusätzlich hinzukommen.

Bei Erwachsenen ist „darüber reden" durchaus eine sinnvolle Strategie, um mit stressigen Themen umzugehen. Für Kinder ist Geborgenheit, Verständnis, Kuscheln und Spaß oft viel wichtiger. Dein Angebot des verständnisvollen Zuhörens besteht für das Kind aber natürlich immer.

Informiere Dich ruhig bei einer Kindertherapeutin mit Schwerpunkt sexuellem Missbrauch oder schaue mal in das Buch „Erste Hilfe für traumatisierte Kinder" (siehe Anhang). Das kann Dir helfen, mit ungewöhnlichen Reaktionen Deines Kindes liebevoll umzugehen.

Oder ist es bei Dir ganz anders? Hat sich Dein Kind zurückgezogen und möchte gar nicht darüber sprechen? Dann stehst Du natürlich vor einer anderen Herausforderung. Dein Kind lehnt Dich vielleicht offen ab. Unterschätze aber nicht, dass es auch aus der Ferne bemerkt, ob Du ihm weiterhin innerlich liebevoll zugewandt bleibst oder Dich ebenfalls abwendest. Die Möglichkeiten, wie Kinder reagieren sind sehr unterschiedlich. Wenn Dein Kind sich von Dir abwendet oder sich aggressiv gegen Dich verhält, lass Dich am besten beraten. Eine solche Situation ist ohne fachliche Unterstützung oft besonders schwer auszuhalten. Und innerlich positiv zugewandt zu bleiben, ohne die (neuen) Grenzen Deines Kindes zu verletzen ist eine Herausforderung, mit der Eltern üblicherweise nicht gelernt haben, umzugehen.

# 36. Hilfreichere Gedanken, wenn „das Thema" schon wieder aktuell wird

Manchmal hilft es, sich bewusst für andere Gedanken zu entscheiden, als in der Situation naheliegend erscheinen. Damit Du eine Idee davon bekommst, was das zum Beispiel sein könnte, findest Du hier zwei Beispiele. Diese sind nur als Anregung zu verstehen und können aber müssen für Dich persönlich nicht passen. Formuliere am besten eigene Sätze, die Dir in Deiner Situation helfen können.

**Situation 1:**

Wenn Du wieder Post bekommst, eine E-Mail erhältst oder auf irgendeine Weise mit dem Thema konfrontiert wirst und zum Handeln aufgefordert wirst... Teste mal, ob Dir folgender Gedanke hilft:

„Dies ist eine Randerscheinung in meinem Leben. Ja, ich muss mich darum kümmern. Aber ich gebe dem innerlich bewusst nicht mehr Bedeutung als zum Beispiel der Tatsache, dass ich auch den Müll rausbringen muss.

Wichtig in meinem Leben sind meine Zeit mit meinem Kind und meine eigenen Projekte. Ich entscheide, was in meinem Leben wichtig ist und wie viel (gedanklichen) Raum ich welchem Thema geben will!"

Vielleicht denkst Du jetzt: „Schön, wäre das! Aber gleichzeitig habe ich das Gefühl, meine ganze Luft ist weg, ich verliere den Boden unter den Füßen oder mein Magen schmerzt..."

Versuche es trotzdem und trainiere Dich darin, die Bedeutung für Dein Leben zu bestimmen. Dein Gehirn kann das Umlernen! Und wäre es nicht großartig, wenn Du in solchen Situationen weniger Stress und Beklemmung empfinden würdest?

Auch folgende Frage kann helfen: Was bleibt davon in 5 Jahren?

Klar, bei so einem Thema ist dann nicht alles weg. Aber dieser eine Brief, diese eine E-Mail, dieses eine aktuell heftige Ärgernis hat dann vermutlich seine Bedeutung längst verloren.

Eine solche Frage kann Dir helfen, einzelne schwere Augenblicke weniger ernst zu nehmen und schöne mehr zu genießen.

**Situation 2:**

Wenn Dein Kind mal wieder extrem auf irgendetwas reagiert und Du einfach nur noch müde oder angestrengt bist, probiere mal folgenden Gedanken aus:

„Mal scheint die Sonne und mal regnet es. Mal verstehe ich, warum das Trauma meines Kindes aktiviert ist, mal nicht. So oder so kann ich nur darauf achten, mir einen Regenmantel mitzunehmen, wenn es regnet und die Sonne zu genießen, wenn sie scheint.

Ich prüfe regelmäßig, wie ich die Gesamtsituation verbessern kann. An allen anderen Tagen liebe ich mein Kind einfach und weiß, dass so, wie sich das Wetter verändert, auch wieder eine andere Leichtigkeit mit meinem Kind kommen wird."

# 37. Denkfallen im Umgang mit Deinem Kind

### Unterforderung

Es ist natürlich wichtig, dass Du Verständnis für Dein Kind hast. Einige Alltagsroutinen klappen jetzt möglicherweise gar nicht mehr oder schlechter und vielleicht fällt Dein Kind manchmal in frühkindliche Muster zurück. Gleichzeitig ist es aber auch ein normales Kind, welches sich Stück für Stück abnabeln und seine Freiheit entdecken möchte.

Dein Kind möchte auch stolz sein dürfen.

Wenn Dein Kind etwas tun möchte, was Du erst einmal als Überforderung einstufst, prüfe genau, ob es nicht vielleicht doch geht, oder ob vielleicht kleine Zwischenschritte möglich sind.

Beispiel:

Dein Kind schläft zurzeit sehr schlecht und nässt oft ein.

Plötzlich will es unbedingt bei einem Freund übernachten.

Kannst Du vielleicht die Eltern des Freundes in angemessenem Maße einweihen und eine Inkontinenzunterlage und Wechselkleidung mitgeben?

## Überforderung

Schlafentzug ist hart. Und wenn Du den Eindruck hast, dass Du 24/7 für Dein Kind da bist, sehnst Du Dich vielleicht umso stärker nach Normalität. Nicht selten können Gedanken auftauchen wie: „Ich habe mich die ganze Nacht um mein Kind gekümmert, es trocken gelegt, es getröstet… dann muss es doch wenigstens mal klappen, dass es jetzt alleine xyz tut!"

Wenn Du einen solchen Gedanken bei Dir bemerken solltest, halte inne und sei freundlich mit Dir. Du brauchst mehr Unterstützung. Deine Aufgabe ist im Moment zu groß, um entspannt bleiben zu können. Bitte bei Deiner Familie, Freunden oder Babysittern um Unterstützung und nimm Dir (mindestens eine kurze) Auszeit. Und erinnere Dich dann daran: Auch Dein Kind gibt gerade sein bestes, auch wenn es für Dich trotzdem so furchtbar anstrengend ist.

# 38. Baue eine positive innere Haltung auf

Wie sagte eine Beraterin vom Hilfetelefon Sexueller Missbrauch so treffend:

Ein Kind vor einem erneuten Missbrauch zu schützen und für dieses da zu sein, ist eine undankbare aber notwendige Aufgabe.

Vielleicht geht es Dir wie anderen Eltern: Manchmal scheinst Du diese Aufgabe gut zu meistern, in anderen Situationen scheint Verzweiflung die einzig logische Reaktion zu sein.

Sei Dir klar, wie WICHTIG DU für Dein Kind bist. Vielleicht wird es Dir nie dafür danken oder Dir später sogar Vorwürfe für den Part machen, den Du übersehen hast oder den Du nicht besser regeln konntest. Wichtig ist, dass DU WEIßT, dass DU für DEIN KIND gesorgt hast. Du weißt, was anerkennenswert ist und wie viel Energie, Schlaf, Zeit, Liebe und Geld Du für Dein Kind investiert hast!

Eine Möglichkeit, Dich selbst weiter zu motivieren und anzuerkennen ist:

# 39. Feiere auch kleinere „Erfolge"

Vielleicht hast Du es geschafft, Dein Kind ein paar Wochen oder Monate vor dem direkten Kontakt zu schützen. Oder Du konntest begleiteten Umgang durchsetzen. Oder Du hast eine gute Kindertherapeutin für Dein Kind gefunden. Oder Du warst trotz harter Nächte morgens trotzdem geduldig beim Frühstück...

Da dieses Thema üblicherweise nicht einfach irgendwann „fertig" ist, ist es umso wichtiger, auch Teilerfolge zu feiern. Belohne Dich bewusst für solche Teilerfolge. Oder erzähle sie jemanden und erkenne Dich dadurch selber an.

Feiere auf Deine Weise alles, was Du für Dein Kind tun konntest.

# 40. Umgang mit „Fehlern"

In einem Thema, welches so komplex und verworren ist und mit welchem Du ohne jede Vorbereitung konfrontiert wurdest, ist es schier unmöglich, immer gute Entscheidungen zu treffen. Manchmal gibt es noch nicht einmal eine gute Entscheidung, sondern nur Möglichkeiten, die alle ihre Vor- und Nachteile haben.

Manche Entscheidungen stellen sich auch erst im Nachhinein als günstiger oder weniger hilfreich heraus. Ich finde das folgende Zitat von Kierkegaard passt für diese herausfordere Lebenssituation besonders gut:

"Verstehen kann man das Leben rückwärts; leben muß man es aber vorwärts."

Wenn Du zum Beispiel in diesem Buch gelernt hast, dass es wichtig ist, auf die eigene Sprache zu achten und Du hast das bisher nicht getan, fragst Du Dich jetzt vielleicht: Was nun? Manches ist vielleicht gar nicht so schlimm. Nur weil Du in Übermüdung und Wut vielleicht mal etwas gegen den Verdächtigten gesagt hast, muss Dein Kind das nicht notwendigerweise in einer Befragung wiederholen. In vielen Fällen reicht es vermutlich, wenn Du ab dem Zeitpunkt, ab dem Du besser informiert bist, anders handelst. Im Zweifelsfall kannst Du Dich auch immer bei Deiner Fachberatung oder dem Bundesweiten Hilfetelefon dazu beraten lassen. Das gilt natürlich auch besonders dann, wenn Du Dinge gesagt oder getan hast, von denen Du annimmst, dass Sie Dir sehr negativ ausgelegt werden könnten.

Ein anderes Beispiel wäre, wenn Du Dein Kind zum Beispiel nicht hättest rechtsmedizinisch untersuchen lassen und im Nachhinein vermutest, dass etwas hätte gefunden werden können. Dazu kann man mindestens vier Dinge sagen: 1. Du kannst nur etwas tun, von dem Du weißt, dass es man es tun kann. 2. Wenn es jetzt nicht mehr geht, ist es vorbei. Darüber ärgern hilft leider auch nicht. Je schneller Du das Thema wieder loslässt, desto mehr Energie hast Du für Deine aktuellen Aufgaben. 3. Es ist ohnehin unklar, ob etwas gefunden worden wäre. 4. Wer weiß, wie belastenden Dein Kind die

Untersuchung wahrgenommen hätte. Vielleicht war es zumindest für Dein Kind in der besonders aufgewühlten ersten Phase sogar gut.

Am wichtigsten aber ist: Wenn Dir im Nachhinein etwas wie ein Fehler vorkommt, vergib Dir so schnell wie möglich. Wir Menschen geben immer unser Bestes und können immer nur auf der Informationsbasis handeln, die wir in dem Moment hatten.

Und gerade bei diesem Thema ist es so schwer, eine gute Informationsbasis für genau Deinen Fall zu bekommen.

Da Du ohnehin mit einem so belastenden Thema und vermutlich aktuell einer sehr belastenden Lebenssituation umgehen musst, versuche bitte so gut es geht, Dich nicht zusätzlich zu verurteilen. Schaue darauf, was Du bereits alles geleistet hast und leistest! Du setzt Dich zum Beispiel gerade mit dem Thema auseinander, in dem Du dieses Buch liest! Es gibt sicher vieles andere, was Dir aktuell mehr Spass machen würde! Habe bitte Verständnis mit Dir und vergib Dir Deine "Menschlichkeit".

Wenn Du als Elternteil dranbleibst und Dich aufrichtig bemühst, Dein Kind zu verstehen und zu beschützen, hat es wirklich großes Glück mit Dir!

# Das Recht

Es gibt viele rechtliche Tipps für Deine Situation. Und eine individuelle anwaltliche Beratung ist -sofern Dein Kind rechtlich geschützt werden muss- unbedingt notwendig. Hier habe ich nur ein paar Tipps zusammengestellt, die vermutlich für die meisten Eltern hilfreich sind.

# 41. Tipps zum Thema Gerichtsverhandlung

**Wenn das Geld zu fehlen scheint...**

Wenn Du den Verdächtigen verklagen musst oder selbst (zum Beispiel auf Umgang) verklagt wirst, können hohe Kosten entstehen. Aber das braucht Dich nicht aufzuhalten. Wenn Du zu wenig Geld hast, kann Dein Anwalt Verfahrenskostenhilfe beantragen. So können Verfahrenskosten, Anwaltskosten und zum Beispiel auch Kosten für Gutachten vorläufig oder sogar endgültig vom Staat übernommen werden.

## Die Gerichtsverhandlung selbst

Falls es zu einer Gerichtsverhandlung kommt, wünsche ich Dir vor allem einen sehr guten Anwalt bzw. eine sehr gute Anwältin. Aber auch Du selbst kannst zum Erfolg beitragen.

*Die Vorbereitung*

Zunächst ist natürlich die Vorbereitung wichtig. Was ist aus anwaltlicher Sicht möglich zu erreichen? Welche anwaltlichen Tipps gibt es für Dich? Frage ruhig konkret nach! Was ist der beste vorstellbare Ausgang und welche Informationen muss das Gericht dafür haben? Was kann schlimmstenfalls passieren, und was würde Dich dann beruhigen?

Den meisten Menschen hilft es entspannter in eine Verhandlung zu gehen, wenn sie sich auf den besten Ausgang fokussieren, gleichzeitig aber wissen, dass sie auch Ideen hätten, wie sie mit dem schlechtesten Ausgang umgehen würden.

(Im Zweifel kannst Du zum Beispiel auch die gerichtliche Entscheidung ablehnen und eine höhere Ebene den Prozess prüfen lassen. Aber das wird Dein Anwalt wissen!)

Nimm (anwaltlich abgesprochen) alles mit in die Verhandlung, was noch nützen könnte. Wenn Du befragt wirst, kann es sehr hilfreich sein, noch einmal in Deine Dokumentation schauen zu können. Selbst Beweise wie ein Video, welches schon vorab eingereicht wurde, kannst Du sicherheitshalber mitbringen. Einen Rucksack mit Möglichkeiten dabei zu haben, kann unter bestimmten Umständen sehr hilfreich sein.

Sorge so gut es geht dafür, dass Du geschlafen, gegessen und getrunken hast!

*Während der Verhandlung*

Die Gegenseite wird vielleicht alles angreifen, was irgendwie auffindbar ist.

Um damit umzugehen, kannst Du Dir zum Beispiel mental einen Schutzschild vorstellen, durch welchen Du sehen und hören kannst, welcher Dich aber vor emotionalen Verletzungen schützt.

Schreibe Dir am besten Notizen, wenn die Gegenseite ausholt.

Dann kannst Du fordern darauf antworten zu dürfen und Deine Seite sortiert und ruhig darstellen, ohne die Sorge haben zu müssen, dass etwas verloren geht.

Sei Dir bewusst, dass Du Dich jederzeit mit Deinem Anwalt besprechen kannst. Notfalls kannst Du Dir auch eine Auszeit nehmen, in dem Du auf die Toilette gehst. Kleine Pausen können sehr helfen, wieder einen klaren Kopf zu bekommen und sich neu zu fokussieren.

Inhaltlich gilt hier natürlich alles, was Du schon in dem Abschnitt: „Phase 3: Anhaltender Schutz und Unterstützung für Dein Kind" unter den ersten 4 Punkten gelernt hast.

# 42. Eine weitere verrückte Idee zum Schutz aus Anwaltssicht

Falls der Verdächtige sorgeberechtigt ist, gibt es die Möglichkeit sehr weit wegzuziehen. Dabei ist es wichtig, dass nicht einfach so zu tun. Lass Dich anwaltlich beraten! Falls der Verdächtige dem Umzug nicht zustimmt, kann Dein Anwalt vor dem Familiengericht notwendige Gründe anführen, warum Du (zum Beispiel aus wirtschaftlichen Gründen) umziehen musst, sodass Du das per Gerichtsbeschluss darfst. Das kann einen Teil des Schutzes darstellen. Unter anderem würde dann auch ein anderes Jugendamt zuständig werden (falls es mit dem aktuellen nicht gut klappt) und der Aufwand für den Kontakt ist auf jeden Fall deutlich erschwert. Weitere Schutzmaßnahmen, um Dein Kind vor Kontakt zu schützen, werden dann auch noch wirkungsvoller anwendbar.

# 43. Zusatzhinweise: Wichtige Punkte für das Strafverfahren

Dieser Unterpunkt ist mehr eine Aufzählung von Begriffen, zu denen Du Dich beraten lassen kannst, als ein eigener Punkt. Mir geht es an dieser Stelle nur darum, verschiedene Möglichkeiten darzustellen, die Du für Dich und Dein Kind nutzen kannst, sofern Du ein Strafverfahren erwartest, ein solches beginnst oder Dich bereits darin befinden solltest. Da ich keine Anwältin bin, möchte ich an dieser Stelle lediglich darauf verweisen, dass es sich sehr für Dich lohnen kann, Dich darüber zum Beispiel von Deinem Anwalt informieren zu lassen.

## Gliederung des Strafverfahrens

Das Strafverfahren lässt sich in verschiedene Abschnitte gliedern: Ermittlungsverfahren, Zwischenverfahren, Hauptverfahren, Rechtsmittelverfahren und Strafvollstreckung

Es kann sinnvoll sein, Dich mit dem Ablauf vertraut zu machen um Dich darauf einzustellen zu können, was auf Dich und Dein Kind zu kommt. Dabei ist zu bedenken, dass eine Anzeige nicht zu einem Strafverfahren führen muss. Nur wenn polizeilich relevante Beweise vorliegen, wird ein solches überhaupt eröffnet.

## Die Nebenklage

Die Möglichkeit der Nebenklage kann ebenfalls wichtig für Dich sein, da sie bestimmte Rechte mit sich bringt: Akteneinsicht, Präsenz in der Hauptverhandlung, Frage- und Erklärungsrecht, Beweisantragsrecht, Schlussvortrag und gegebenenfalls Rechtsmittel.

## Die psychosoziale Prozessbegleitung

Kinder und Jugendliche, die Opfer von Sexualdelikten geworden sind, haben einen Anspruch auf psychosoziale Prozessbegleitung. Sie umfasst die qualifizierte Betreuung,

Informationsvermittlung und Unterstützung während des Strafverfahrens für die Betroffenen. Ziel ist es, die individuelle Belastung der Opfer reduzieren. Sie ersetzt nicht, sondern ergänzt die die anwaltliche Begleitung.

# Grundsätzlich effiziente Strategien für Krisensituationen

Das Thema diese Buches ist ziemlich speziell. Dennoch gibt es auch allgemeine Krisenbewältigungsstrategien, die auch Dir helfen können. Daher habe ich Dir effiziente Strategien zusammengestellt, die Dich stärken können: Sowohl für Deinen konkreten Umgang mit der Situation Deines Kindes, als auch für Dich, um grundsätzlich Kraft zu schöpfen.

# 1. Positiver Fokus

Auch und insbesondere dann, wenn im Schutzprozess (beim Jugendamt, Diagnostik oder beim Gericht etwas schief gelaufen ist) ist es so wichtig zum positiven Fokus zurückzukehren.

Und ich schreibe ganz bewusst: ZURÜCKZUKEHREN

Bei diesem Thema ist es nur normal, immer wieder erschüttert zu sein: Von Deinem aufgewühlten Kind, von seiner Trauer und Wut, von Reaktionen von „Fachleuten" oder aus Deinem Umfeld. Auch Du selbst wirst vermutlich Trauer, Wut, Hilflosigkeit und alle möglichen Zustände durchleben, die zunächst nichts mit positivem Fokus zu tun haben.

Aber DU KANNST ZURÜCKKEHREN.

Wenn die Welle des Schocks, die Welle der erneuten Wut vorüber ist, besinne Dich: Schaue immer wieder vertrauensvoll darauf, was Dir gut tut und was das Beste für Dein Kind ist. Und glaube daran, dass es Mittel und Wege und Unterstützung gibt, ein trotzdem gutes Leben für Dich und Dein Kind zu gestalten.

# 2. Sinnvolle Fragen stellen

Sowohl alleine für Dich als auch in Kontakt mit allen möglichen Stellen sind Fragen sehr wirksam. Wähle Fragen, welche die Aufmerksamkeit in eine positive und sinnvolle Richtung lenken. Beispiele hierfür sind:

Wie kann mein Kind geschützt werden?

Wer kann mir helfen?

Wie können Sie sicherstellen, dass mein Kind geschützt ist (zum Beispiel beim Jugendamt)?

Was gibt mir Kraft für diese Aufgabe?

Was braucht mein Kind gerade?

Was tut mir jetzt gut?

Welche Ressourcen gibt es noch, die ich bisher vielleicht noch gar nicht gesehen und genutzt habe?

# 3. Du kannst Dich coachen lassen

Die Situation ist unglaublich herausfordernd. Und manchmal gibt es im privaten Umfeld nicht die richtigen Ansprechpartner. Manchmal braucht es jemanden, der keine persönliche Meinung dazu hat, der wirklich zuhören kann, ohne in das Thema selber verstrickt zu sein und der vielleicht auch Methoden hat, mit denen er Dich aufrichten kann. Dann kann ein Einzel-Coaching genau das richtige sein. Wenn es Dich anspricht, nimm Dir diesen Raum für Dich. Das ist keine Therapie.

Ein Einzelcoaching kann einmal oder mehrfach stattfinden. Du kannst zu einer Person immer wieder gehen oder Dir mal hier oder da unterschiedliche Impulse holen. Im Internet findest Du viele Möglichkeiten. Finde heraus was Dich anspricht. Du kannst es einfach mal ausprobieren.

# 4. Entspannungsverfahren

Wenn Du Dich lieber einfach mal nur entspannen möchtest und auch gerne in Gruppen bist, kannst Du auch Präventionskurse Deiner Krankenkasse in Anspruch nehmen oder Achtsamkeitskurse ausprobieren.

Insbesondere die „Achtsamkeitsbasierte Stressreduktion" nach Jon Kabat-Zinn kann in Krisensituationen sehr stabilisierend wirken.

Natürlich gibt es auch eine bunte Vielfalt an Kursen auf dem freien Markt, bei der Volkshochschule oder in Familienbildungsstätten!

Wenn Dich das grundsätzlich anspricht, kannst Du noch andere interessante und wirksame Angebote unter folgenden Stichworten finden:

Autogenes Training, Progressive Muskelentspannung und Phantasiereisen.

# 5. Therapie für Dich

Wenn Du Dich sehr belastet fühlst, kann auch eine Therapie eine gute Möglichkeit sein, Dir Unterstützung zu holen. Wenn das klar notwendig für Dich ist, lass Dich unbedingt therapeutisch unterstützen!

Wenn das weniger klar ist, lass Dich vorher vielleicht noch anwaltlich beraten, wann Du damit beginnen möchtest. Auch eine laufende Therapie kann in einem gerichtlichen Verfahren auf unterschiedliche Weisen bewertet werden.

Für die Auswahl gilt ähnliches wie bei der Therapie für Dein Kind: Wähle in Ruhe und spüre für Dich nach, ob der Therapeut / die Therapeutin wirklich eine Vertrauensperson für Dich ist. Wenn Du Dich nicht wohlfühlst, informiere Dich bei Deiner Krankenkasse, wie oft Du wechseln und wie viele Therapeuten Du „ausprobieren" kannst. Dieses Ausprobieren nennt sich „probatorische Sitzungen". Es gibt eine bestimmte

Anzahl an Terminen, die Du pro Therapeut in Anspruch nehmen kannst, bevor Du Dich für jemanden entscheidest. Und selbst dann ist es möglich zu wechseln, falls Du Dich doch nicht wohlfühlen solltest. Da sich das hin und wieder ändert, möchte ich Dir empfehlen, konkret danach zu fragen.

Du musst nicht bei der erst besten Person bleiben, wenn Du Dich mit ihr nicht wohlfühlen solltest! Denke daran, dass es um Dich geht! Du brauchst hier die Unterstützung, um für Dein Kind da sein zu können. Daher suche weiter, bis Du jemanden hast, der (oder die) für Dich eine echte Unterstützung ist!

**Familienaufstellungen:**

Eine Alternative zur Therapie oder auch in der Zeit in der Du auf einen Therapieplatz wartest sowie als Ergänzung zu einer Therapie kann eine Familienaufstellung viel Heilsames bewirken. Frag am besten vorher die leitende Person ob sie mit dem Thema sexueller Missbrauch vertraut ist. Das ist zwar nichts seltenes, aber nicht alle sind mit dem Thema gleich entspannt im Umgang. Falls das in Deiner Stadt möglich ist, empfehle ich Dir die Variante, bei der die Aufstellenden nicht vorab schon wissen, wer sie sind und worum es geht. Ein Telefonat vorab ist üblich. Dabei kannst Du feststellen, ob Du Dich bei der Person gut aufgehoben fühlst. Falls das nicht der Fall sein sollte, ist es dasselbe wie bei der Therapeutensuche: Vertraue Dir und Deinem Bauchgefühl (und natürlich Deinem normalem Menschenverstand) und wähle bewusst.

# 6. Kur

Auch eine Kur kann eine sehr hilfreiche Maßnahme sein, wenn Du Dich aktuell sehr belastet fühlst. Diese kannst Du auch mit Deinem Kind zusammen machen. Du kannst Dich bei Deinem Hausarzt beraten lassen oder im Internet die Stichworte Kurberatung eingeben. Verschiedene Stellen beraten Dich gerne dazu.

# 7. Eine gute Nachricht aus der Neuropsychologie

Deine Situation ist wirklich herausfordernd. Vielleicht geht es Dir wie anderen in ähnlichen Situationen... Du bist übermüdet, überfordert, selber manchmal traurig...

Es gibt zumindest eine gute Nachricht aus der Neuropsychologie: Stress wird ja zumeist als Bedrohung für die Gesundheit eingestuft. Die neuste Forschung zeigt aber, dass wenn wir uns für andere einsetzen (was Du wirklich tust!!), unser Körper das verkraftet. Zu wissen, dass wir uns für das Wohlergehen anderer einsetzen, lässt uns positive, schützende Hormone ausschütten, welche die andauernde Stresssituation puffern.

Wenn Dich das näher interessiert, schaue mal nach Kelly McGonigal. Diese hat einen großartigen TED-Talk über das Thema gehalten:

Kelly McGonigal: Wie man Stress zu seinem Freund machen kann: https://www.youtube.com/watch?v=RcGyVTAoXEU

Deine Hormone sind also auf jeden Fall auf Deiner Seite!

# 8. Humor

Humor ist einer der besten Gegenspieler zu Stress, Trauma und Krise. Humor hilft Abstand zu gewinnen, zu entspannen und auch Schweres leichter zu nehmen.

Was löst Humor in Dir aus?

In besonders herausfordernden Situationen passt für manche der Humor der Komikergruppe von Monty Python. Ihre Filme haben manchmal einen sehr drastischen und schwarzen Humor, der sich für Krisensituationen passend anfühlen kann. In „Das Leben des Brian" gibt es zum Beispiel die Szene, als Jesus sein Kreuz abholen soll. Dort ruft jemand laut: „Jeder nur ein Kreuz! Jeder nur ein Kreuz!"

In eine ähnliche Richtung geht auch Dr. House. Sein Humor ist bissig und nüchtern, was in schwereren Zeiten durchaus erleichtern kann.

Welche Witze, welche Filme, welche Komiker bringen Dich zu schmunzeln oder lachen? Was hilft Dir, vielleicht zumindest Teile Deiner Situation leichter zu nehmen?

Manchmal hilft auch ein einfacher Satz mit Paradox:

„Das Schlimmste, was mir heute passieren kann, ist einen wundervollen Tag zu haben."

# 9. Dankbarkeit

Dankbarkeit gibt uns Kraft und hilft, den Blick wieder auf das zu richten, was uns wirklich wichtig ist. Gerade in Krisensituationen können wir das immer wieder gut gebrauchen!!

Ein weiterer Ansatz zur Stärkung für Dich kann also sein:

Wofür bin ich (trotz alledem) in meinem Leben dankbar?

Schreibe jetzt sofort 7 Punkte auf.

1.

2.

3.

4.

5.

6.

7.

Mache das immer am besten sofort, wenn Du Dich hoffnungslos, unglücklich oder überwältigt fühlst.

Folgender Spruch (Autor mir unbekannt) kann auch tröstlich sein:

„Dankbarkeit macht aus dem, was wir haben, genug."

# Schaue mutig nach vorn

**Ich wünsche Dir eine dauerhaft hilfreiche Grundhaltung, zu der Du immer wieder zurückkehren kannst.**

Missbrauch ist grundsätzlich ein entmutigendes Thema.

Je bewusster aber Dein Umgang mit diesem ist, desto mutiger kannst Du werden und desto heiler und gestärkter wird Dein Kind diese Misere verlassen können.

Diese Lebenserfahrung bleibt vermutlich relevant für Dein Kind. Sie kann sich aber irgendwann vielleicht zwischen andere und prägendere Erfahrungen einreihen. Sie kann Teil eines Lebenslaufes werden, in dem viel Schönes und Wichtiges bestimmender ist oder wird als diese eine Erfahrung.

Du hast eine Aufgabe bekommen, die unfassbar herausfordernd ist. Daran gibt es nichts schönzureden. Das ist nichts, was man je irgendjemandem wünschen würde. Aber als Eltern lieben wir unsere Kinder und werden uns immer, immer für sie einsetzen. Und darin liegt eine Chance. Wir sind aufgefordert die beste Version dessen zu werden, was wir sein können. Es gibt so viel, was wir tun können, um nicht daran zu zerbrechen. Wir werden eine neue Stärke finden, neue Quellen der Kraft, neue Möglichkeiten, unser Leben trotz des Schmerzes, Stresses und der potenziellen Bedrohung weiter zu feiern: für unser Kind. Und so kann ein tiefer, tiefer Lebensmut entstehen.

Ich wünsche Dir viel Kraft und trotz allem viel Freude mit Deinem Kind!

Von Herzen Jasmina Enders

Auf den nächsten Seiten findest Du noch einige Kraftimpulse. Diese sind vielleicht genau passend für Dich. Vielleicht möchtest Du aber auch aus diesem Buch oder anderen Quellen Deine eigene Kraftliste zusammenstellen.

Ich wünsche Dir, dass Du in dieser und in anderen Quellen die praktischen Tipps und Inspirationen findest, die Dein Leben und das Deines Kindes besser und Deine Situation gestaltbarer machen!

# Zum Aufhängen: 7 Kraftpunkte für Kinderbeschützer

Höchste Priorität hat Dein liebevoller Kontakt mit Deinem Kind

Höchste Priorität hat Dein eigenes Lebensglück

Du kannst Dir jederzeit Unterstützung holen (Fachberatung, Familie, Freunde, Gruppen, Internet, YouTube, Bücher, ...)

Frage nicht „ob" Du etwas schaffst kannst, sondern „wie" Du es schaffen wirst

Vertraue darauf, dass es Lösungen gibt, die Du jetzt noch nicht siehst und finde sie Stück für Stück

Feiere (auch kleine) Erfolge!!! Das gibt Dir Kraft für Deine nächsten Stunden, Tage, Schritte, ...

Atme und Lächle – einfach, weil es Dir gut tut (und auch Deinem Kind)

# Kleine Literaturliste für hilfreiche oder aufbauende Bücher

Hier findest Du Bücher, die Dich informieren oder stärken können. Es gibt noch viele andere großartige Bücher zum Informieren und Stärken. Siehe diese Liste bitte als kleine Starthilfe, die ich bewusst übersichtlich gehalten habe:

Ursula Enders

**"Zart war ich, bitter war's: Handbuch gegen sexuellen Missbrauch**

- Dieses Buch ist ein umfassender Ratgeber zum Thema sexueller Missbrauch von Kindern. Durch dieses Buch kann man ein tieferes Verständnis für Kind und Tatpersonen bekommen, was durchaus wichtig und hilfreich sein kann. Ebenfalls sehr positiv finde ich, dass es zwar unzählige Beispiele darin gibt, welche betroffene Eltern noch weiter belasten könnten, -da diese aber kursiv gedruckt sind, können sie leicht übersprungen werden.

https://amzn.to/2G0WGAt

Berg, Fabienne

**"Übungsbuch Resilienz: 50 praktische Übungen, die der Seele helfen, vom Trauma zu heilen. Mit CD"**

- Dieses Buch kann Dir helfen, Dich zu stärken und von Deinem Schock und Deinem Stress im Umgang mit dem Thema zu heilen.

https://amzn.to/2T32Og9

Braun Gisela, Wolters Dorothee

**"Das grosse und das kleine NEIN"**

-Eine für Kinder ganz klare Geschichte zum lauten "Nein" sagen. Je nach der konkreten Situation Deines Kindes, kannst Du diese Geschichte auch schon vorlesen während Befragungen laufen. Aber das wirst Du am besten einschätzen können. Diese Geschichte stärkt auf jeden Fall.

https://amzn.to/2CB7hjb

Enders, Ursula

**"Schön & blöd Ein Bilderbuch über schöne und blöde Gefühle"**

- Dieses Buch kann, sofern es dem Alter Deines Kindes entspricht, ein guter Ansatz zum Sprechen über Grenzen im Alltag sein. Das würde ich allerdings je nach Situation und Kind erst empfehlen, wenn keine diagnostischen oder gerichtlichen Befragungen mehr ausstehen.

https://amzn.to/2CGg0jV

Susa Apenrade und Miriam Cordes

„Ich bin stark, ich sag laut Nein!: So werden Kinder selbstbewusst"

- Ein sehr anschauliches und kindgerechtes Buch, in dem zunächst Situationen mit Übergriffen geschildert werden und dann Möglichkeiten für Reaktionen aufgezeigt werden, aus denen das Kind die Beste wählen kann.

https://amzn.to/2xzYSun

Fritsch, Gerlind R.

„Praktische Selbst-Empathie: Herausfinden, was man fühlt und braucht. Gewaltfrei mit sich selbst umgehen"

- Dieses Buch kann Dich unterstützen, besser für Dich zu sorgen, als Du es vermutlich (wie die meisten von uns) gelernt hast. Gerade in der aktuell herausfordernden Situation kann Dich das gut unterstützen. Es kann sich auch sehr positiv auf Deinen Umgang mit Deinem Kind auswirken.

https://amzn.to/2RGw5At

Robbins, Tony

"Notes from a friend"

- Dieses Buch hilft, aus Krisen wieder aufzutauchen. Sehr pragmatisch und an der ein oder anderen Stelle etwas drastischer geschrieben.

https://amzn.to/2W5Azzr

Schäfer, Bodo

**„Die Gesetze der Gewinner"**

- Dieses Buch unterstützt grundsätzlich, sein Leben erfolgreich zu gestalten. Es hat inhaltlich mit dem Thema Übergriff nichts zu tun und kann so eine angenehme und sehr konkret positiv stärkende Zusatzunterstützung sein.

https://amzn.to/2Wiz94K

Dodson, Frederick

**„Energielevel"**

- Dieses Buch kann Dir helfen, bewusster wahrzunehmen, wie es Dir gerade geht und dann Deine Zustände auch bewusst zum Positiven hin zu verändern.

https://amzn.to/2HrpYLZ

(Die Links unter den Büchern sind „affiliate links". Das bedeutet, dass falls Du über diesen link bestellst, Du dieses Projekt mit einer Provision unterstützt. Dir entstehen dadurch keine Kosten. Die Bücher habe ich sorgfältig ausgewählt und ich empfehle nur, wovon ich selber wirklich überzeugt bin. )

# Hilfreiche Links

**Hilfetelefon Sexueller Missbrauch**

https://beauftragter-missbrauch.de/hilfe/hilfetelefon/

-Hier gibt es kompetente Ansprechpartner für sämtliche Fragen, Sorgen und Nöte, die Dich aktuell beschäftigen können. Auch kannst Du hier Unterstützung für das Finden einer lokalen Fachberatungsstelle in Deiner Nähe erhalten.

**Dunkelziffer E.V.**

www.dunkelziffer.de

-Hier gibt es telefonische und Online-Beratung

**Bundesverband der Frauenberatungsstellen und Frauennotrufe**

https://www.frauen-gegen-gewalt.de/de/hilfe-vor-ort.html

-Hier können Sie unter der Suche "sexueller Missbrauch" eingeben. Darunter können Sie dann Ansprechpartner vor Ort finden.

**Nebenklage e.V.**

www.nebenklage.org

-Hier findest Du Anwälte für Opferschutz und unter anderem Tipps für die Beweissicherung

**Weitere links aus dem Buch:**

**Ein Vortrag, warum unser Körper "Stress für andere" verkraftet:**

Kelly McGonigal: Wie man Stress zu seinem Freund machen kann: https://www.youtube.com/watch?v=RcGyVTAoXEU

**Tipps zum Thema Kältetraining und Atmung**

Wim Hof. Seine aktuelle Website ist: https://www.wimhofmethod.com

© 2018 Jasmina Enders

Alle Rechte vorbehalten.

ISBN: 9783748111610

Herstellung und Verlag: BoD - Books on Demand, Norderstedt